CORRIDA DA VIDA

DOUGLAS GOUVEIA

CORRIDA DA VIDA
COMPARTILHANDO PENSAMENTOS POSITIVOS GERANDO AÇÕES POSITIVAS

PREFÁCIO: WALTER TUCHE

1ª edição

Editora **Leader**.

São Paulo, 2016

Copyright© 2016 by **Editora Leader**
Todos os direitos da primeira edição são reservados à **Editora Leader**

Diretora de projetos
Andréia Roma

Diretor Executivo
Alessandro Roma

Capa
Fabiano Iwasita

Foto de capa
Cláudia Lopes (Praia da Barra)

Diagramação
Roberta Regato

Revisão
Eva Rocha

Gerente comercial
Liliana Araujo Moraes

Impressão
Color System

Dados Internacionais de Catalogação na Publicação (CIP)
(Câmara Brasileira do Livro, SP, BRASIL)

Gouveia, Douglas
 Corrida da vida : compartilhando pensamentos positivos gerando ações positivas / Douglas Gouveia ; prefácio Walter Tuche. -- 1. ed. -- São Paulo : Editora Leader, 2016.

ISBN 978-85-66248-47-0

1. Conduta de vida 2. Desenvolvimento pessoal 3. Motivação (Psicologia) I. Tuche, Walter. II. Título.

16-03645 CDD-158.1

Índices para catálogo sistemático: 1. Desenvolvimento pessoal : Psicologia aplicada 158.1

EDITORA LEADER
Rua Nuto Santana, 65, 2º andar, sala 3
Cep: 02970-000, Jardim São José, São Paulo - SP
(11) 3991-6136 / andreiaroma@editoraleader.com.br

Agradeço a Deus por renovar meu sonho e me dar inspiração e motivação para escrever.

Um agradecimento carinhoso à minha noiva Cláudia por me incentivar e acreditar nesse projeto. Agradeço às minhas filhas Karolyna e Ana Luiza, que amo muito pois são um presente de Deus na minha vida, ao meu pai pelo exemplo de caráter e determinação, à minha mãe pelo carinho e por ter me criado e educado.

Agradeço ao meu pai espiritual Felipe Martines e à sua esposa Alessandra Brandini que foram pessoas fundamentais na restauração de meus sonhos. Agradeço aos meus irmãos Leonardo e Daiane Gouveia, ao meu grande amigo Edivaldo mais conhecido como Fião, que esteve comigo durante momentos de maior dificuldade em minha vida, ao Ernani Siqueira e toda liderança do Bola Running, e todos os amigos que fazem parte desse ministério que é para min como uma família. Agradeço também a Márcia Ferreira que foi a primeira pessoa que liguei quando cheguei na cidade do Rio de Janeiro, onde não conhecia ninguém, ela foi minha primeira treinadora de triathlon e foi como uma mãe para min principalmente no dia do meu acidente de bike no aterro do Flamengo, agradeço ao Walter Tuche que escreveu o prefácio do livro, e foi meu treinador na preparação para a realização do sonho do meu primeiro Ironman, agradeço também aos amigos Fabiano Zettel, Felipe Arslan e Lucio Mittes e ao Osmar por todo apoio que me deram durante o processo de publicação deste livro. Agradeço também a triatleta Ana Oliva do grupo Astra pelo apoio e incentivo.

Agradeço a todos os meus amigos de treino que estiveram comigo durante todos esses anos, saibam que vocês fazem parte desta história.

Um agradecimento especial à Andréia Roma da Editora Leader, que acreditou e proporcionou condições para que essa obra fosse publicada.

ÍNDICE

PREFÁCIO	8
INTRODUÇÃO	12
1. Correndo com propósito	17
2. Como você vê a sua vida	22
3. Há tempo para todas as coisas	25
4. Movidos pelas Necessidades	28
5. Correndo com a alma	32
6. A dor é uma benção	36
7. As preocupações	40
8. Coragem	44
9. Modo avião	47
10. Viver ou existir	50
11. Meu maior adversário	55
12. Vencendo o Cansaço	57
13. Suportando a Pressão	61
14. Não existem atalhos	64
15. Descubra seu talento	66
16. Realizando Desafios	70
17. O corpo tem memória	74
18. Vencendo a Preguiça	76
19. Os frutos da Corrida	79
20. Pagando para sonhar	82
21. Obedecer é melhor que sacrificar	85
22. Dominando seus pensamentos	88
23. Eu quero, eu posso, eu consigo	90
24. O poder da Fé	93
25. Área de transição	96
26. Armas de guerra	100
27. Por que correr?	104
28. Gratidão	106

PREFÁCIO
POR WALTER TUCHE

CORRIDA DA VIDA

*A*o longo da minha vida como professor de Educação Física tive a felicidade de realizar algumas coisas, viver outras tantas e ao longo deste tempo a minha paixão se manteve sempre acesa. Após vários anos na "estrada", ser lembrado e convidado a escrever o prefácio deste livro nos leva a crer que o caminho até hoje transcorrido, de alguma forma, pode influenciar, mudar e ajudar o rumo das pessoas que convivemos, que desejamos o bem e também nos impulsiona com mais força a cumprir a missão de ensinar e educar.

Conheci o Douglas em julho de 2013 e nesse período ele já praticava corrida e triathlon. Começamos nosso trabalho com o foco de uma meia maratona, mas a meta maior era o Ironman de 2014. O Ironman é uma prova onde nada-se 3.800m, pedala-se 180km e depois finaliza-se com uma maratona (42.195m) e tudo de forma sequencial.

Muitos que vivem o dia a dia de pessoas que participam dessas provas tendem a crer na impossibilidade de realizá-la, dadas as suas distâncias e a duração da prova, e questionam como se pode conciliar a vida de atleta amador com a vida particular, buscando acima de tudo o equilíbrio. Um ponto interessante deste livro é quando o autor, em determinado tópico, nos pede que qualifiquemos diferentes áreas de nossas vidas pontuando o nosso grau de satisfação em busca do equilíbrio.

Mas o que leva a pessoa a pensar numa prova dessa natureza?

A resposta é simples: aceitar seus desafios, cumpri-los da melhor forma dentro de sua realidade, estabelecer metas palpáveis e cercar-se de pessoas capazes, que compartilham dos seus objetivos, tornado-o mais forte física, metal e espiritualmente.

Na Corrida da Vida, o autor, numa forma de escrita prazerosa e fácil, mostra a todos nós que não existem atalhos, não existem caminhos mais fáceis e não há o que caia do céu. E que se você se determina a fazer algo em sua vida, seja uma caminhada, uma maratona, um trabalho novo, uma compra de um imóvel ou um ironman, seu desejo, sua dedicação e seu planejamento serão as formas mais fáceis ou menos duras de alcançar esses objetivos.

Este livro não pretende ser e não é um livro de autoajuda. Acima de tudo, é um livro para ficar ao lado da cabeceira da cama e deve ser lido, relido e degustado no dia a dia, pois nos mostra, através de fatos da vida, de citações da bíblia e da ciência, que tudo o que queremos, podemos, e que tudo também advém de viver com força, fé e vontade, a cada momento da sua vida.

Como professor de Educação Física e treinador de atletas, procuro mostrar que o esporte, nas suas diferentes formas e intercorrências, é um exemplo variado do que é nossa vida, cercado de conquistas, derrotas, superação, amigos, adversários e muitas outras coisas. O que treinamos nos campos, quadras, piscinas e pistas, inferem em nossas ações e refletem o que somos, e este livro retrata isso. O esporte treina para a vida .

Acorde cedo PARA TREINAR.

Acorde cedo PARA VER O DIA.

Acorde cedo PARA TER AMIGOS.

Acorde cedo PARA TRABALHAR .

Acorde cedo para VIVER.

Nunca é tarde PARA ACORDAR.

Corra a Corrida da Sua Vida, e VENÇA!

Walter Tuche

CORRIDA DA VIDA

INTRODUÇÃO

CORRIDA DA VIDA

Um dia tive um sonho: recebi um convite para participar de uma corrida. Mas não era uma simples corrida, era uma corrida diferente de todas as que já vi até hoje. Era muito longa - não terminava em um dia, um final de semana ou um ano. Era uma corrida em que você poderia ir para casa e voltar no dia seguinte para continuar; uma corrida em que não se disputava uma medalha, nem um troféu, e também não era necessário alcançar uma meta pessoal. Uma corrida em que não havia um campeão, mas muitos vencedores.

O único requisito dessa corrida era que os participantes tivessem uma boa causa para estarem lá. Na verdade, mais que uma boa causa. Para entrar nessa corrida era preciso ter uma missão e um propósito, pois todos que a concluíssem receberiam um prêmio que não era igual para todos. A recompensa estava relacionada ao que cada um escolheu quando decidiu entrar nessa corrida, era proporcional à missão que cada um havia escolhido. Mas por que eles precisavam de uma missão para entrar nessa prova?

Quando perguntava aos que estavam ali na fila para se inscrever sobre os motivos que os levaram a aceitar esse desafio, era muito emocionante e dava para ver o brilho nos olhos quando falavam. Alguns se emocionavam e com lágrimas nos olhos contavam seus motivos, outros estavam radiantes de alegria. Sonhos nascendo, propósitos sendo restaurados. Fé, esperança e amor eram as principais características dos atletas.

Era uma prova diferente, e o simples fato de estarem ali já os faziam sentirem-se privilegiados e gratos pelos motivos que os levaram até aquele momento.

Era uma corrida muito especial e em seu percurso os participantes iriam se deparar com obstáculos como montanhas, muros, barreiras e até gigantes. Eles sabiam que se estivessem dispostos apenas a realizar uma tarefa ou cumprir uma meta, não teriam forças para continuar. Sabiam que se não tivessem um propósito muito forte, desistiriam antes de começar. Essa corrida tinha um nome muito diferente. Ela se chamava **A Corrida da Vida**.

Este livro traz reflexão e transformação para a sua vida. No primeiro momento pode não ser tão agradável, mas quando vemos os seus resultados acontecendo no futuro, somos gratos por isso. Se você é uma pessoa que está contente com o lugar onde está e acredita que não precisa de mudanças, este livro não é para você! Devolva-o à prateleira ou dê de presente a algum amigo caso já tenha comprado. Mas se você é uma pessoa que quer transformação, acredita no seu potencial, sabe que tem um dom especial e e tem consciência de seus valores, ele é para você.

Este livro usa situações que te fazem refletir, sair de onde está, e ainda te impulsiona para onde quer chegar. A corrida da vida não é um grande arco-íris, mas um lugar de onde os covardes fogem, os fracos desistem e os fortes e corajosos vão até o fim e alcançam a vitória. Sem esquecer que não estou falando de vitória no esporte, mas na vida.

Nossa vida pode ser comparada a uma corrida longa e com obstáculos; com começo, meio e fim. Uma corrida com imprevistos, regras e princípios que precisam ser respeitados. Na corrida da vida nem sempre vence o mais forte, o mais rápido, ou o que tem mais recursos financeiros, mas aquele que sabe aonde quer chegar, que tem um propósito e segue em frente. Vence aquele que é mais forte do que sua melhor desculpa, que supera a sua dor, não aceita ser paralisado pelo medo, e, principalmente, aprende o segredo de ser feliz em toda e qualquer situação.

Não adianta se inscrever para uma maratona, comprar todos os livros e revistas sobre o assunto, ler matérias na internet e conversar com pessoas que já fizeram maratonas. Isso não faz de você um maratonista.

Ter muitas ideias boas não faz de você uma pessoa criativa, porque criativo é quem cria. Não adianta, portanto, namorar muitas ideias, você precisa escolher uma delas para se casar.

CORRIDA DA VIDA

Ser um especialista teórico em finanças não é tão difícil, mas saber o que fazer em cada situação na prática, isso sim é desafiador. Vivemos em um mundo cada vez mais competitivo. O tempo fica cada vez mais escasso, e encontrar, em meio a tantas atividades, um espaço na agenda para si mesmo, é quase uma missão impossível. Muitas vezes deixamos de lado nosso amor-próprio e vivemos uma verdadeira correria. O objetivo deste livro é comparar a nossa vida com uma corrida e mostrar que é possível correr em busca de equilíbrio e melhorar a qualidade de vida. Aqui relato algumas experiências que aconteceram na minha vida, momentos em que descobri que a corrida vai muito além de um esporte e é capaz de transformar vidas. Descobri que é possível ir além em todas as áreas da vida com alegria e um grande sentimento de gratidão por ela.

Através da corrida consegui obter um grande ganho na qualidade de vida. Tomei a liberdade de usar algumas das minhas experiências, não para inflar meu ego e pensar que meu potencial é melhor, mas, exatamente o contrário: para demonstrar como uma pessoa comum, que não conseguia correr nem por cinco minutos, realizou sonhos e venceu obstáculos e desafios que estavam muito além do que poderia imaginar. Quero mostrar que nosso corpo é capaz de ir muito além dos nossos limites. A corrida foi tão impactante para mim, que hoje ela não é só um esporte, mas um estilo de vida.

Tive essa iniciativa porque alguns amigos me perguntavam como poderiam começar a correr e como eram minha rotina e alimentação. Essas dúvidas nasceram porque muitos deles viram como eu era antes e notaram a mudança. Mas como eu poderia ajudá-los? Eu só contava a eles como aconteceu comigo e como era minha rotina de treinos e alimentação. Isso de alguma maneira os motivava, justamente porque sou uma pessoa comum, que tem rotina de trabalho, família e todos os compromissos de uma pessoa normal.

Como uma pessoa que mora em São Paulo, pega trânsito e trabalha o dia todo fechado em um escritório consegue treinar para uma maratona?

Eu tive essa mesma dúvida no começo. Se você também tem, é um bom começo, porque tudo começa com uma dúvida, afinal, são as perguntas que movem o mundo, não as respostas.

Lembro muito bem que logo quando comecei estava correndo na USP em um sábado de manhã. Então, me aproximei de uma equipe de corrida e perguntei ao treinador: "Uma pessoa normal consegue fazer um Ironman?" Ele deu uma risada e disse: "Claro! Aqui todo mundo é normal, não temos nenhum alienígena na equipe", continuou rindo e foi me explicando como funcionava. O maior de todos os ganhos que tive através da corrida não foram os 15 kg que perdi, nem o percentual de gordura que baixou signficativamente. O meu maior ganho foi alinhamento e equilíbrio na vida. A corrida te faz ficar muito tempo sozinho, e isso te leva à introspecção e a refletir sobre a vida. Quase nunca paramos para pensar na vida, mas quando corremos, essas viagens são muito comuns. Com essas reflexões acabamos prestando atenção aos detalhes que realmente importam na vida e que antes passavam despercebidos. Nosso coração passa a sentir gratidão, e quando temos este sentimento, simplesmente por estarmos ali, lembramos do criador e fortalecemos muito nossa alma e nosso espírito.

Aprendi que é possível se aproximar de Deus e fortalecer nosso espírito através da atividade física, e que a fé e o esporte se completam.

Não adianta ter apenas um deles. É preciso fortalecer o corpo, a mente e o espírito.

"Então o Senhor me respondeu e disse: Escreve a visão com toda clareza possível em grandes tábuas, para que até o mensageiro que passa correndo leia. Porquanto esta visão se cumprirá num tempo determinado no futuro; é uma visão que fala do fim, e não falhará! Ainda que demore, aguarde-a confiante; porque ela certamente virá e não se retardará."

CORRENDO COM PROPÓSITO

Quando se decide entrar em uma corrida, é preciso ter disposição para alcançar seus objetivos. É provável que exista mais do que um só objetivo a ser alcançado, como cruzar a linha de chegada, manter a forma, buscar qualidade de vida, superar os próprios recordes, ou apenas o próprio desejo de superação.

Na corrida da vida enfrentamos desafios diários, e algumas vezes ficamos cansados e pensamos em desistir. Nessas horas é preciso lembrar quem você é e por que está fazendo isso. É necessário olhar para o propósito maior, e não para as circunstâncias e emoções do momento. É isso o que nos fortalece, e por isso é tão importante sabermos onde queremos chegar e não apenas saber para onde você não quer ir.

Se você entrar em um táxi, o motorista perguntar qual é o seu destino, e você disser a ele para onde não quer ir, o que vai acontecer? Ele não conseguirá te levar ao lugar onde você quer ir, porque ele não sabe onde você quer chegar. O carro vai ficar parado e ele vai te fazer a pergunta novamente. Caso você não fale, ele pode te levar para qualquer destino, com exceção apenas daquele que você disse não querer. Isso te levaria para onde você quer chegar? Provavelmente não, mas muitas vezes fazemos isso em nossas vidas: "não quero mais esse emprego", "não aguento mais morar nesse lugar", "não consigo guardar dinheiro". Por isso é tão importante termos o propósito e a visão de futuro, e sabermos onde queremos chegar.

A visão de futuro é aquilo que nos projeta para onde pretendemos chegar e nos motiva diante dos desafios da vida. Paulo Storani, que deu origem ao personagem Capitão Nascimento do filme Tropa de Elite, diz que ele é o Capitão Nascimento da vida real, e que a missão transforma meros trabalhadores em algo muito maior, ou seja: eles se tornam missionários.

Algumas pessoas não gostam desse termo por ser muito utilizado em igrejas para aqueles que estão em uma missão. E é isso mesmo o que a missão faz: nos transforma em missionários, em pessoas que lutam por uma causa maior. Aqueles que servem nas igrejas, abrem mão de fazer muitas coisas que gostariam e poderiam fazer, porque acreditam em um propósito maior que eles. Não há relação com o ganho financeiro, mas com uma causa maior.

Um soldado da Tropa de Elite é um missionário porque tem uma missão: combater o crime. Eles são tão fiéis a ela que fazem isso por uma causa maior, porque acreditam que são a maior força no combate ao crime, e que, se falharem, o país pode virar um caos e suas famílias estarão em risco. Ou seja, estão lutando para o bem das pessoas e das suas próprias famílias.

Einstein disse: "Se quiser dar um sentido para sua vida, atrele a ela um objetivo".

Ou seja, se não tivermos um objetivo ou uma missão, nossa vida perde o sentido e acabamos sobrevivendo ao invés de viver. Torcemos para chegar logo a sexta-feira, e ficamos tristes no domingo à noite.

Não importa onde você está, mas onde quer chegar. Não importa de onde você veio, mas para onde vai. A sua visão vai te mostrar qual é esse lugar. A missão vai te impulsionar a ter disposição para levantar da cama todos os dias em busca desta visão.

Para ajudar a criá-la, separei algumas perguntas:

- Qual é a foto que você quer que retrate a sua vida daqui a dez anos?
- Onde você vai morar?
- Quem serão seus amigos?

CORRIDA DA VIDA

- Você terá filhos? Por que eles se orgulhariam de você?
- Quais serão as suas conquistas?
- Qual será o seu legado?

Se você não tiver uma visão do futuro, sua vida será conduzida pela visão das pessoas que estão ao seu redor, e seu futuro poderá ser uma repetição do seu passado.

Uma pessoa que se propõe a correr uma maratona, tem a missão de terminar a prova, e provavelmente consegue se imaginar cruzando a linha de chegada. Quando se está desmotivado para treinar, o simples fato de lembrar da sensação de cruzar a linha de chegada já aumenta sua força interior.

Uma vez eu precisava fazer um treino de 25 km de corrida. Era um domingo chuvoso, foi difícil levantar da cama. Tomei meu café e fiquei olhando pela janela, vendo a chuva cair. Pensei: "Acho que vou deixar para fazer esse treino à tarde, pois a chuva pode parar". Nesse momento meu cérebro queria prazer imediato, queria ficar em casa no conforto. Mas quando pensei no objetivo a longo prazo já fiquei preocupado, e pensei: "E se eu não conseguir fazer esse treino mais tarde?" Isso já me intrigou, e pensei no meu objetivo a longo prazo. Esse treino faria falta para a realização do meu objetivo, e mesmo assim fiquei relutando. Ao olhar as redes sociais vi uma publicação que dizia: "Nem sempre o sol estará exposto, nem sempre seu corpo terá vontade de sair da cama. Só covardes pensam que os grandes já nasceram fortes". Era de uma campanha motivacional de uma marca de tênis, e me confrontou. Falei para mim mesmo: "Eu não sou covarde! Vou treinar com chuva mesmo!" Coloquei o tênis e parti para a missão. Quando voltei para casa, a sensação era de dever cumprido. À tarde aconteceram imprevistos que me impediriam de treinar, e pensei: "Ainda bem que fiz o treino de manhã".

Por que eu contei essa história? Porque a nossa mente tem a incrível capacidade de procurar o caminho mais fácil e pensar nas recompensas a curto prazo. E quando lembramos do objetivo maior - nossa missão -, nos fortalecemos nessas lutas diárias.

Você pode ter acordado desmotivado para trabalhar, mas se lembrar da sua missão - como dar uma qualidade de vida melhor para a sua família, por exemplo -, você pode encontrar motivação. Isso é muito relativo para cada pessoa.

Vejam a seguinte situação:

Um empresário do mercado imobiliário resolve fazer um projeto para construir o prédio mais alto do mundo. Durante a construção da obra, é feita uma pesquisa de satisfação com os operários. A seguinte pergunta é feita para cada um deles: "O que você está fazendo aqui?" O primeiro responde: "Estou aqui sendo explorado por um empresário capitalista". O segundo: "Eu estou aqui para garantir o sustento da minha família". E o terceiro: "Eu estou ajudando a construir o maior prédio do mundo".

Os três estão no mesmo lugar, fazendo a mesma coisa, mas têm visões diferentes.

Como vimos no início do texto, desde os tempos do velho testamento já somos orientados a ter uma visão de futuro que certamente se tornará realidade. Se você tiver uma visão que te faça saltar da cama pelas manhãs, sua vida mudará.

> "Não sabeis que entre todos os que correm no estádio, na verdade, somente um recebe o grande prêmio? Correi de tal maneira que o alcanceis!" (1co 9:24)

Qual é o seu propósito?

CORRIDA DA VIDA

Qual é a sua missão?

insight

Qual é a sua visão?

"Porque, como ele pensa consigo mesmo, assim é."
(pv 23.7) (JFA atualizada)

COMO VOCÊ VÊ A SUA VIDA

Onde você está hoje? Qual é a sua realidade? Como andam os seus resultados?

Você não é aquilo que pensa que é, você é os seus resultados. Pelos frutos conhecemos uma árvore, e pelos resultados de uma empresa sabemos se ela está prosperando ou se está beirando a falência. Olhando para os exames, podemos saber se cuidamos bem da nossa saúde. Pelo resultado das nossas finanças, podemos ver se somos bons administradores. Olhando para o futuro dos nossos filhos e que tipo de pessoa eles estão se tornando, podemos ver se somos bons pais. Pelos resultados, podemos saber quem realmente somos.

As pessoas são diferentes: para alguns, a vida é um parque de diversões; para outros, um jogo de xadrez, uma luta, uma batalha, uma correria, um quebra-cabeça, ou ainda como andar de bicicleta. Para alguns, a vida é uma corrida. Ela será como você a imaginar em seu coração.

Comparando nossa vida a uma corrida, não curta e rápida, mas longa e com obstáculos: caso eles sejam pequenos, você pode saltar por cima; se forem obstáculos maiores, vão precisar ser escalados ou contornados - como em uma corrida de montanhas -, com momentos desafiadores e de superação, de dor e de vitória, e ainda, com momentos de sobrevivência, como se estivéssemos correndo no meio da floresta amazônica em busca de alimento ou refúgio. Momentos em que caímos e nos levantamos, em que nos machucamos e somos curados. Nossas cicatrizes nos fazem lembrar das experiências que tivemos no passado, nos dando, portanto, mais experiência de vida. Lembrando sempre que uma corrida tem suas regras, assim como o universo, e quando estas não são cumpridas, somos penalizados e pagamos um preço alto.

Sabemos que temos um propósito e que no final da corrida receberemos a recompensa. Seja correndo, andando, ou rastejando, continuaremos em direção ao alvo em busca do prêmio - concluir a corrida da vida -, e poderemos olhar para trás, e saber que todos esforços valeram a pena. Para avançarmos na corrida da vida, precisamos saber onde estamos e qual é a nossa realidade. Nossos resultados nos mostram isso. É preciso olhar para o presente, entender onde estamos e se estamos contentes com nossos resultados. O simples fato de estar inconformado com o lugar onde você está, deveria ser motivo grande o suficiente para se projetar para onde você quer chegar e para o futuro.

Para identificar o lugar onde estamos, o primeiro passo é sermos sinceros com nós mesmos. Uma maneira simples de fazer isso é utilizar uma ferramenta chamada Roda de Satisfação da Vida. Na página seguinte temos um gráfico do resultado atual da nossa vida - esse é o ponto de partida. Em cada uma das áreas, preencha o quanto você se sente satisfeito hoje.

Buscar o equilíbrio é um grande desafio. Está comprovado que não adianta estarmos bem em uma ou duas áreas da nossa vida. Exemplo disso são os grandes executivos que geralmente têm a vida financeira bem resolvida, por trabalharem muito e se capacitarem com especializações, MBA, inglês etc., mas por estarem muito focados na vida profissional, outras áreas acabam pagando o preço como o tempo de qualidade com a família, a própria saúde ou até a vida espiritual. O grande desafio é podermos evoluir - porque precisamos -, mantendo o equilíbrio. É como andar de bicicleta: a roda da vida representa uma roda de bicicleta, onde cada área da nossa vida é uma raia que a sustenta. Se alguma área estiver precisando de reforço, a roda não gira com a mesma potência.

"A vida é como andar de bicicleta. Para manter-se em equilíbrio, é preciso estar em movimento." (Albert Eistein)

Preencha o gráfico abaixo de 0 a 10 (onde zero significa totalmente insatisfeito e dez plenamente satisfeito):

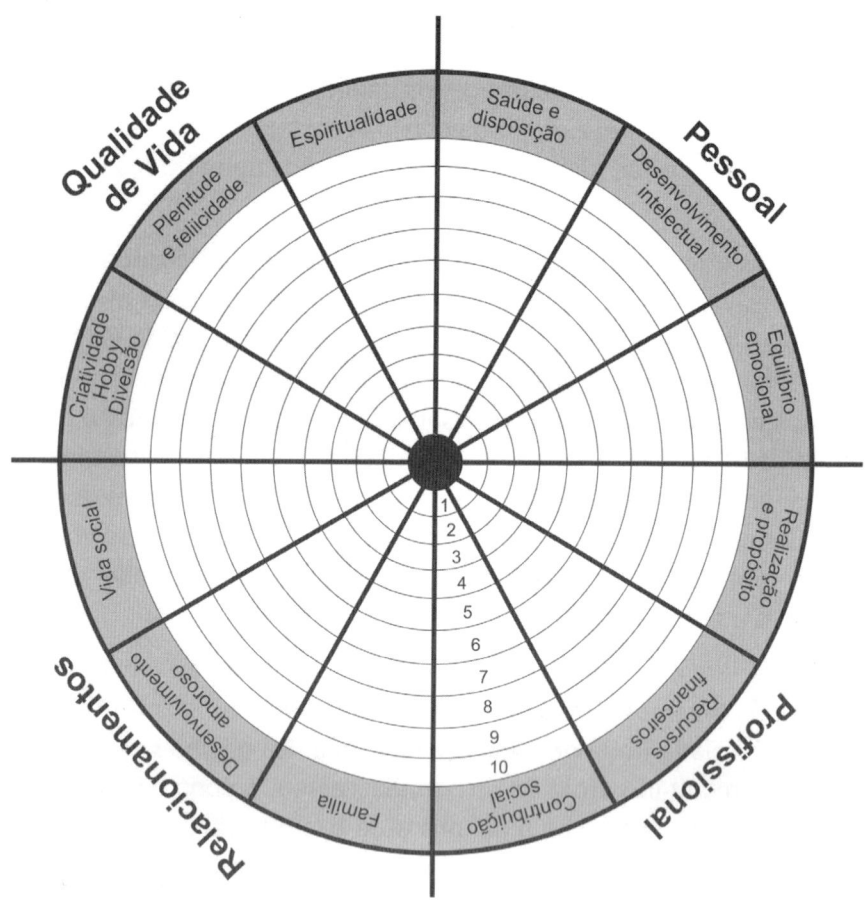

Sugestão: Usar lápis de cores diferentes para facilitar a visualização.

Após preencher a Roda de Satisfação, olhando para o retrato atual da sua vida, pense em qual seria a área que alavancaria outras áreas se você desse um pouco mais de foco a ela.

Qual é a área de alavanca?

insight

"Para tudo há uma ocasião e um tempo para cada propósito debaixo do sol." (Eclesiastes 3:1)

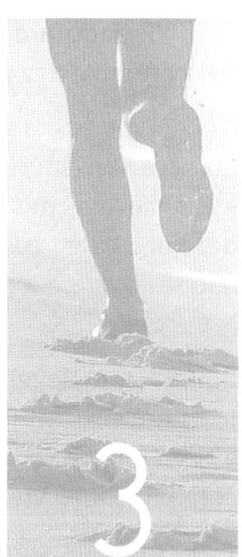

HÁ TEMPO PARA TODAS AS COISAS

O tempo é o nosso bem mais precioso, e justamente por isso precisamos parar de perdê-lo com o que não nos traz resultados. Pare de perder seu tempo com pessoas que não o merecem, com coisas que não farão a diferença em sua vida.

Tempo vale mais do que dinheiro. Dizem que "tempo é dinheiro", mas eu acredito que o tempo é mais importante e mais valioso que o dinheiro, pois precisamos dele para ganhar o dinheiro, e não o contrário.

O tempo é justo e igual para todos, independente da sua classe social, idade ou crença. Mesmo um executivo de alto escalão tem apenas vinte e quatro horas por dia, e não é possível acrescentar mais uma hora que seja ao seu dia. Não podemos produzir mais tempo, não conseguimos comprar mais tempo.

Se você é um empresário, pode até ter pessoas que fazem coisas por você, mas o seu dia ainda dura as mesmas vinte e quatro horas.

O tempo não para, o relógio não para. O que você vai fazer?

Quando vemos, já passou mais um dia, uma semana. Quando vemos, já é carnaval, páscoa, de repente já estamos em dezembro e mais um ano se passou.

Quando notamos, já se passaram cinco, dez anos, e até os filhos já cresceram.

É muito comum ver as pessoas dizendo que não têm tempo e que os dias precisariam ter trinta horas e a semana oito dias, mas se isso acontecer, estas mesmas pessoas estariam novamente muito ocupadas, e passariam a desejar dias de trinta e seis horas e semanas de dez dias. Ou seja, a solução não seria aumentar os dias ou as horas.

Outra coisa que sempre ouço é que as pessoas precisariam ser duas, ou seja, que deveriam ter um clone para dar conta de tudo o que precisam fazer em suas rotinas. Mas, se isso pudesse ser realizado, logo elas sentiriam a necessidade de serem multiplicadas por quatro, e isso não teria fim. Seria como no filme Matrix.

Algumas tarefas podem até ser delegadas a terceiros, se pensarmos naqueles que têm colaboradores ou amigos que o fazem por ele, mas com outras não é possível fazer isso - deve ser você mesmo o responsável por elas. Algumas tarefas exigem que somente você as realize, como por exemplo, se alimentar, fazer suas necessidades básicas, praticar uma atividade física, e cuidar da sua saúde.

Imagine que o seu gerente o chame e dê a seguinte ordem: "Preciso da sua ajuda. Calce o tênis, vá ao Ibirapuera e corra 10 km por mim, porque estou muito ocupado para fazer isso agora".

Se isso fosse possível, imagina o que seria das nossas Olimpíadas. Grandes milionários pagando para o Usain Bolt correr por eles, porque precisam vencer os Jogos Olímpicos, ou pagando para o Phelps nadar por eles, ou para o Roger Federer jogar tênis por eles.

Mas, ainda bem que Deus é justo e pensou em tudo. E esse tipo de tarefa ninguém pode fazer pelo outro. Somos os responsáveis por nossa saúde, e sabemos que saúde não tem preço. O dinheiro pode pagar os melhores médicos, mas isso não garante nada, porque não podemos comprar uma dose de saúde na farmácia. Sabemos quanto custa um bom plano de saúde no Brasil, e como o Nuno Cobra disse em seu livro A Semente da Vitória: "Isso não deveria ser considerado um plano de saúde, mas sim um plano de doença, pois você utiliza quando está doente ou precisa fazer algum exame".

Hoje em dia estamos tão envolvidos pelos desafios cotidianos de "apagar incêndios", resolver problemas emergenciais, superar obstáculos e al-

CORRIDA DA VIDA

cançar metas, que acabamos negligenciando nossos relacionamentos, nosso crescimento espiritual, nossa compreensão mais profunda do mundo, e até mesmo nossa saúde.

Dr. Drauzio Varella disse:

"Muita gente fala que não tem tempo de fazer exercícios. Dizem que acordam muito cedo para levar os filhos à escola, que trabalham demais, que têm que cuidar da casa. Antes eu até ficava com compaixão, mas hoje eu digo: isso é problema seu. Ninguém vai resolver esse problema para você.

Você acha que eu tenho vontade de levantar cedo para correr? Não tenho, mas encaro como um trabalho. Se seu chefe disser que a empresa vai começar um projeto novo e precisa que você esteja lá às 5h30, você vai estar lá. Você vai se virar, mudar sua rotina e dar um jeito. Por que com exercício não pode ser assim?

Nós temos a tendência de jogar a responsabilidade de nossa saúde nos outros, em Deus, na cidade, na poluição, no trânsito ou no estresse. Cada um de nós tem que se responsabilizar pelo próprio bem-estar e encontrar tempo para cuidar do corpo. É uma questão de prioridades."

Qual área da sua vida precisa de prioridade? **insight**

MOVIDOS PELAS NECESSIDADES

De acordo com Anthony Robbins, no livro Desperte o Gigante Interior, "o comportamento humano é controlado por duas diretrizes básicas: a fuga da dor e do sofrimento, e a busca pelo prazer. Somos movidos pelo desejo de suprir algumas necessidades básicas que nos aproximam de situações que consideramos agradáveis, e por consequência nos afastam das desagradáveis".

Entender quais são estas necessidades e como elas funcionam em nós mesmos e nos outros pode ser valioso para aprimorar nossas relações internas e, é claro, com as pessoas à nossa volta. Teremos muito mais chance de desenvolver bons relacionamentos quando aprendemos a perceber e entender o que move cada pessoa com quem criamos essas relações.

O que isso tem a ver com a corrida? Veremos que a corrida atende a pelo menos três ou mais dessas necessidades humanas. Isso explica por que a corrida é o esporte que mais cresce, e o que faz uma pessoa acordar às 5h da manhã para correr, mesmo que seja na chuva ou no frio.

Segundo Anthony Robbins, são seis as necessidades humanas básicas:

1. Certeza e conforto: necessidades relacionadas à segurança e à estabilidade. Essa segurança pode ser emocional, - como poder sentir-se confortável com o próprio corpo, seus valores ou suas ideias, ou de natureza religiosa, como a fé em Deus. Pode significar ainda uma estabilidade no emprego ou em um relacionamento afetivo estável.

2. Incerteza e variedade: relacionadas à mudança, a um certo grau de surpresa, ao desafio, à diferença e à novidade na vida. É o enfrentamento do desconhecido, o inverso das anteriores. Precisamos sair da rotina de vez em quando. Realizar viagens, estudar um novo idioma, praticar um esporte, ou investir na bolsa de valores, por exemplo, produz incertezas. Conheço pessoas que não conseguem ganhar dinheiro com esse tipo de investimento, mas ainda assim não abrem mão, porque gostam da adrenalina do mercado.

3. Significado ou importância: é a necessidade de ser importante para alguém, como ser um ótimo pai, uma ótima mãe, reconhecido e valorizado por uma ou mais pessoas, ter um diploma de graduação. Está relacionada também ao status e ao desejo de se destacar, ser original, diferente ou pertencente a um grupo de pessoas.

4. Amor ou conexão: necessidade de compartilhar sentimentos e emoções, está relacionada ao amor entre os seres humanos - relacionamentos e amizades -, ou à conexão com Deus.

5. Crescimento: é a necessidade de estar constantemente aprendendo coisas novas e evoluindo. Toda vez que enfrentamos novos desafios, nós crescemos. Esse crescimento pode ser financeiro, espiritual, na saúde, ou na relação com os amigos.

6. Contribuição: é a necessidade de dar, ajudar, servir e fazer diferença na vida de outras pessoas. Está associada ao amor ao próximo. Quando fazemos o bem podemos sentir, porque faz parte da nossa verdadeira natureza. Temos a necessidade de contribuir com a sociedade, o que nos dá o prazer de fazer algo de valor inestimável para o mundo, com um propósito maior do que agradarmos a nós mesmos. Isso está relacionado ao seu legado.

Quando estiver se sentindo triste e sozinho, lembre-se das pessoas que precisam da sua presença, como aquelas que estão em um hospital ou em uma casa de recuperação, por exemplo.

De acordo com Anthony Robbins, as quatro primeiras necessidades apontadas acima são chamadas de "necessidades do ego", e as duas últimas de "necessidades do espírito". O desejo de atender às necessidades do ego molda nosso comportamento e até mesmo nossa sociedade. Entretanto, as pessoas que fazem algo acreditando em um propósito maior para suprir as necessidades do espírito são mais felizes.

Anthony também diz que se encontramos algo que satisfaça ao menos três ou mais dessas necessidades, significa que nós temos um vício. Veja, então, quantas necessidades a corrida pode satisfazer:

▶**Variedade:** pois cada treino e cada prova sempre é uma experiência diferente. Mesmo que você participe da corrida de São Silvestre todo ano, ela sempre terá algo de diferente a cada ano;

▶**Significado e importância:** porque passamos a dar mais valor à saúde, e ao cruzar a linha de chegada nos sentimos especiais e mais confiantes, aumentando, assim, nossa autoconfiança para buscarmos desafios maiores;

▶**Amor e conexão:** amor porque compartilhamos sentimentos e emoções com os amigos da corrida, e conexão porque passamos a fazer parte de uma nova família ao participar de treinos e provas com estes amigos;

▶**Crescimento:** porque saímos da zona de conforto e começamos a buscar novos desafios. Alguns chegam a encarar até uma "ultramaratona";

▶**Contribuição:** é muito comum ver um amigo ajudando o outro nas corridas com palavras de incentivo ou com dicas sobre alguma prova que este já fez e o outro ainda não. Também, há pessoas que participam de provas com ações solidárias -, como a corrida contra o câncer;

▶**Certeza e conforto:** essa é a necessidade mais desafiadora, porque a corrida produz dor, desconforto e incerteza, principalmente em uma maratona. Nós nunca sabemos o que pode acontecer depois dos trinta quilômetros. Mas acredito que em alguns casos seja possível produzir confiança, como numa prova que você já fez uma vez e vai fazer novamente, porque já se sente mais confiante, principalmente se estiver melhor preparado. Mas, ainda assim, a confiança não está isolada da incerteza, porque sabemos que, por mais que estejamos preparados, tudo pode mudar.

Depois de ler tudo isso podemos perceber que a corrida satisfaz muitas necessidades humanas, e por isso, o número de praticantes felizes e motivados é maior do que o de tristes e desanimados. Ao olharmos para as fotos das equipes de corrida podemos perceber isso claramente. Mas precisamos tomar cuidado para esse vício não tomar conta da nossa vida e perdermos o objetivo de buscar o equilíbrio, sempre de olho no nosso propósito.

CORRIDA DA VIDA

"Não sabeis que entre todos os que correm no estádio, na verdade, somente um recebe o grande prêmio? Correi de tal maneira que o alcanceis! Todos os que competem nos jogos se submetem a um treinamento rigoroso, e isso, para obter uma coroa que logo se desvanece; no entanto, nós nos dedicamos para ganhar uma coroa que dura eternamente..." (1 co 9:24-25)

"De que adianta o homem ganhar o mundo e perder a sua alma?" (Mc 8.36)

5 CORRENDO COM *A ALMA*

De fato, a atividade física tem muitos benefícios e as pessoas estão utilizando a corrida e outros esportes como uma válvula de escape. Eu mesmo já fiz isso e os ganhos foram muitos, mas, como tudo na vida, para todas as coisas que fazemos precisamos de equilíbrio, principalmente os que são atletas amadores. É preciso ter disposição para trabalhar, estar com a família, com os amigos etc. Isso não significa que ser atleta de elite seja mais fácil, pelo contrário, mas para estes atletas o esporte é também uma profissão e atividade principal.

Pelo fato de a corrida e outros esportes estimularem a produção da endorfina, substância que gera um prazer e sensação de bem-estar indescritíveis, além de atender às necessidades básicas do ser humano, como vimos anteriormente, muitas pessoas querem senti-la em doses cada vez maiores. Para isso, realizam desafios cada vez maiores, porque o prazer de cruzar a linha de chegada na sua primeira corrida de 5 km já não o satisfaz. Então passa para os 10 km, 21 km, maratona, ultramaratona, Ironman, e por aí vai. Não há nada de errado nisso, só estou dizendo porque foi o que aconteceu comigo. O ponto onde quero chegar é esclarecer que não adianta cuidarmos somente do corpo, precisamos fortalecer também a mente e o espírito. Não adianta ter um corpo "sarado" se não tivermos paz de espírito. Comigo aconteceu o seguinte: comecei a me inscrever em uma prova atrás da outra e, como não tenho patrocínio, isso passou a pesar financeiramente e por consequência a tirar a minha paz, porque além do valor da inscrição havia também as despesas com viagens, tênis, alimentação adequada etc. Comecei a precisar de muito tempo de treino e, com isso, fui ficando longe da família e me distanciei totalmente da vida social. Minhas únicas atividades eram treinar, trabalhar e dormir. Quando não estava trabalhando, estava treinando. Além disso, ficava com o corpo cansado, querendo dormir para recuperar o gasto de energia dos treinos.

Isso pode ser visto como foco, força de vontade e determinação, mas existe uma balança em nossa vida e, quando exageramos muito em algumas áreas, outras acabam ficando descobertas. Cada um de nós tem um ponto de equilíbrio e precisa saber se quer "pagar o preço". Acredito que o ser humano é capaz de fazer qualquer coisa, mas tudo tem um preço, tudo tem uma causa e um efeito. Algo que me marcou muito foi a história do meu nutricionista. Ela não poderia ficar de fora deste livro, pois acredito que o que aconteceu com ele tenha algum propósito maior, como o de alcançar vidas que estão indo por esse mesmo caminho.

Ele foi um excelente profissional. Se formou em duas faculdades - nutrição e educação física -, tinha mestrado, uma carteira de clientes que lhe proporcionava um bom padrão de vida, participava de concursos de "garotos fitness" etc. Estou dizendo isso para que fique claro que ele tinha uma boa aparência e era muito inteligente e determinado, mas por conta de um desequilíbrio emocional decorrente do fim de um relacionamento amoroso, acabou usando o seu conhecimento contra si mesmo e colocou fim na sua própria vida. Foi uma perda inestimável. Ele desenvolveu um gás e cometeu suicídio dentro do seu próprio carro. Infelizmente não dava para perceber que ele estava tão fraco por dentro. Sua saúde emocional estava com muitas feridas e seu espírito estava fraco. Nessa época eu estava morando no Rio de Janeiro e ele era de Campinas. Por telefone e e-mail não dava para notar nenhuma diferença. Eu só percebi quando ele parou de responder meus e-mails, mas as pessoas que estavam mais próximas disseram que ele ficou uma semana sem tomar banho, pentear o cabelo e fazer a barba.

Olhando para uma situação dessas, nos perguntamos: por que ele fez isso se aparentemente tinha tudo na vida? Infelizmente isso ocorre todos os dias, mas só nos damos conta quando acontece com pessoas próximas. Só contei a história dele para que estejamos atentos, porque cuidar apenas do físico não é o suficiente. É preciso cuidar também da mente e do espírito.

Se observarmos nossa vida, veremos que tudo o que fazemos é para mudar o nosso estado emocional. Compramos uma roupa nova para nos sentirmos melhor, emagrecemos para melhorar nossa autoestima, corremos e praticamos esportes para nos sentirmos mais fortes e cuidarmos da saúde e, com isso, também melhorar nossa autoestima. No final das contas, tudo é para mudar o nosso estado emocional. As pessoas buscam prazer em bebidas ou drogas para mudarem seu estado emocional, por isso é tão importante fortalecê-lo. Não é possível, no entanto, fazer um exame e sair com todos os índices em mãos - 70% de raiva, 50% de ansiedade, 30% de paz etc. -, mas podemos analisar como é o nosso comportamento diário, principalmente quando acontecem situações que nos confrontam, como quando alguém faz algo que não nos agrada, quando levamos uma fechada no trânsito, ou quando não nos alegramos com as conquistas de amigos. Esses e muitos outros sinais estão sempre ao nosso redor.

Aquele que se preocupa apenas com a vaidade está correndo a corrida da morte, pois transforma sua vida em uma fonte inesgotável de ansiedade.

> *"Aquele que se preocupa apenas com a vaidade está correndo a corrida da morte, pois transforma sua vida em uma fonte inesgotável de ansiedade."*

"O exercício físico, de fato, é de algum valor; no entanto, o exercício espiritual tem valor para tudo porque o seu resultado é a vida, tanto agora como no futuro." (1 tim 4:8) NTLH

CORRIDA DA VIDA

O que você pode fazer para fortalecer o seu emocional?

insight

O que você pode fazer para fortalecer seu espírito?

Se eu falar, a minha dor não cessa, e calando-me qual é o meu alívio?

A DOR É UMA BÊNÇÃO

O dicionário define a dor como "sensação desagradável ou penosa, causada por um estado anômalo do organismo ou parte dele; sofrimento físico".

Nesse caso, estamos falando da dor física. Algumas pessoas dizem que Deus não existe, com o argumento de que se Deus existisse não poderia existir dor e sofrimento. No meu ponto de vista, a dor é como um termômetro natural que Deus nos deu de presente para nos alertar quando algo está errado.

Alguns carros modernos têm sensores que mostram ao dono que o carro precisa de reparos em algumas peças. A dor é um sensor que nos mostra isso.

Por exemplo: se você come algo que pesa em seu estômago ou alguma comida estragada, é natural sentir um incômodo, indigestão, e em alguns casos até diarreia. Quando sentimos essa dor no estômago, logo pensamos: "o que foi que eu comi de diferente que causou essa dor"?

Na época de Jesus Cristo, muitas pessoas sofriam de lepra, e um dos efeitos dessa doença é não sentir mais dor, ou seja, mesmo colocando a mão no fogo, pisando descalça em um caco de vidro, ou cortando-se, a pessoa vítima desta doença não sentirá absolutamente nada. Ela vai se machucando e seu estado fica cada vez pior. Certa vez, quando eu era criança, estava brincando e de repente senti algo no meu pé. Quando olhei vi que era um prego de construção que estava em uma tábua e quase atravessou meu pé. Na mesma hora senti a dor. Olhei, sentei no chão, arranquei o prego, e fui embora para casa pulando em um pé só. Depois fui para o pronto-socorro.

Se nessa situação eu não tivesse sentido a dor do prego entrando, eu teria ficado com ele ali e o estrago seria muito maior. Perderia muito sangue e poderia até desmaiar. Mas como tive o alerta da dor, pude me antecipar e correr atrás do reparo.

E o que isso tem a ver com os atletas? Hoje em dia vejo muitos amigos, atletas amadores, pessoas comuns como eu e você, que praticam esporte por amor e qualidade de vida.

Já vi pessoas usando remédios para suportar a dor e ir além de seus limites, vi pessoas tomando analgésico antes de começar um treino ou prova, já se antecipando para uma dor futura. Isso acontece com mais frequência em provas longas, como uma maratona e um Ironman.

Alguns preferem esperar a dor chegar, tomam um remédio e continuam.

Mas será que isso é saudável para nós? Será que dessa forma estamos superando nossos limites? Será que precisamos mesmo disso?

No meu caso, o esporte é para a qualidade de vida. Sempre queremos dar o nosso melhor e buscar bons resultados dentro dos nossos limites, mas alguns atletas querem os resultados a qualquer custo, sem pensar nas consequências.

Um exemplo de consequência é quando você vai além do seu limite e "mascara" a dor. Com isso você pode correr sérios riscos de sofrer problemas cardíacos ou lesões.

Se o seu treinador pede para você fazer um treino intervalado de dez tiros de 400 metros, com intervalo de 200 metros no trote, e você sente dores no meio do treino, isso é um sinal de que algo está errado. Esse alerta nos leva a pensar se estamos indo além do nosso limite, ou se estamos com alguma lesão não resolvida. Temos a opção de fazer este treino em um ritmo mais tranquilo, ou até mesmo parar e falar para o treinador, que é a decisão mais sensata, mas se estivermos sob efeito de remédios ou pré treinos que agem em nosso sistema nervoso central e inibem a dor, com certeza iremos muito além da nossa capacidade, e teremos, então, que arcar com as consequências.

Cabe a cada um de nós refletir sobre isso. É importante que possamos ver a dor de outro ponto de vista, como uma aliada e um sinal de alerta, para termos qualidade de vida, pois o corpo fala.

Temos também a dor na alma, conhecida a partir do sentimento pelas desgraças próprias ou alheias.

Às vezes algumas pessoas nos decepcionam, com atitudes ou com palavras. A dor também nos ajuda nesse momento, mostrando que algo não vai bem.

Por isso, se pensarmos que a dor é uma bênção de Deus, que nos foi dada para nos alertar quando algo não vai bem, e tivermos a opção de mudar o que estamos sentindo, quando esta dor for embora algo muito melhor vai tomar o seu lugar, como aconteceu na vida de Jó.

> *"Meus irmãos, tomai por exemplo de aflição e paciência os profetas que falaram em nome do Senhor. Eis que temos por bem-aventurados os que sofreram. Ouvistes qual foi a paciência de Jó, e vistes o fim que o Senhor lhe deu; porque o Senhor é muito misericordioso e piedoso."*

Jó nos ensina uma grande lição de perseverança. Percebemos que ele, após superar toda dor, perdendo sua família e todos os bens que tinha, continuou com fé em um futuro melhor. A partir do momento em que Jó perdoou seus amigos e orou por eles, sua vida mudou e voltou a ser próspera. Deus deu a ele o dobro de tudo o que possuía antes.

> *"E depois que Jó intercedeu pelos seus amigos, o SENHOR o tornou novamente próspero e lhe concedeu em dobro tudo o que possuía antes."* (Jó 42:10)

CORRIDA DA VIDA

Qual sinal a dor está lhe mostrando e que você quer mudar em sua vida?

insight

"As preocupações roubam a nossa felicidade, mas a palavra de encorajamento renova o vigor da vida."
(pv.12.25)

AS PREOCUPAÇÕES

Você já parou para pensar em quanto tempo ficamos viajando em problemas do passado, ou em problemas do futuro que em grande parte provavelmente nem chegarão a acontecer?

A alegria do coração ilumina todo o rosto, mas a tristeza da alma abate todo o corpo.

São tantas as notícias ruins. Ao ligarmos a TV no jornal da manhã, já somos contagiados pela atmosfera negativa. Quando chegamos ao trabalho, lá estão as pessoas na máquina de café, que mais parece o muro das lamentações. Não contentes, as pessoas ainda enviam notícias negativas pelos grupos do WhatsApp e redes sociais. É muito difícil manter-se motivado depois dessa avalanche de negatividade. Então você pega seu café e vai para o computador. Quando abre seu e-mail, lá vem mais notícias negativas. Quando entra em um site de notícias, também é bombardeado. Mas o que fazer? Precisamos ir para o deserto, como fez João Batista, e nos isolarmos? Provavelmente não. Nós precisamos estar nos lugares onde estamos, mas ser luz em meio a escuridão. E levar alegria onde existe tristeza é um grande desafio, pois ser otimista e positivo em um ambiente positivo ou neutro é fácil, difícil é ser otimista diante de um cenário completamente negativo e pessimista. Esse é o nosso desafio, mas para isso precisamos nos manter motivados. Como faremos isso?

O significado da palavra "motivação" vem de motor. É aquilo que move, que faz andar, correr, realizar, conseguir, conquistar. Aquilo que motiva a ação. Está muito mais ligado ao sentir do que ao falar. Se você está motivado, você anda.

Assim é no esporte, na corrida, no futebol, e também é assim que funciona nas empresas. Cada jogador tem a sua motivação, que pode ter as mais diferentes origens, mas os mais motivados são os que vão fazer o time ir para frente.

Alguém pode sentir-se motivado por fatores econômicos e financeiros, e por suas possibilidades em termos de aquisição de bens e serviços.

Se o trabalho lhe proporciona benefícios dessa ordem, é possível que nele você encontre motivação.

Outros podem sentir-se motivados pelo desejo de ser saudável, ser amado, competente, reconhecido por participar de decisões, realizar tarefas desafiadoras ou outra coisa qualquer.

As pessoas ficam motivadas porque têm sucesso ou têm sucesso porque ficam motivadas?

Os grandes realizadores afirmam que é preciso motivação para alcançarem suas metas. Especialistas ensinam que uma meta alcançada não motiva mais. Então, para preservar suas conquistas, permanecer motivado é tão importante quanto se motivar.

Não basta saber lutar, é preciso fazê-lo com excelência. Imagine um lutador de UFC campeão do cinturão que, após conquistar tal vitória, cai na zona de conforto e não treina como antes. É provável que na próxima luta ele seja nocauteado e perca.

Logo, não dá para depender da vontade para colher bons frutos. Motivação é uma busca diária.

A melhor maneira de se motivar é estando com pessoas motivadas, ou através de livros e palestras desse tema. Existe muito material e muitos livros sobre motivação, mas o melhor deles para mim é o "livro da vida" - a Bíblia. Conectar-se com Deus e usar a força do seu espírito para se motivar é algo maravilhoso.

Precisamos estar cheios e, sempre que pudermos, lançar palavras de vida para os que estão a nossa volta, porque quando fazemos o bem ao próximo fazemos o bem para nós mesmos.

As pessoas geralmente reclamam porque não estão felizes com o lugar onde estão, nem com o que fazem, mas não fazem nada para sair dali e têm sempre respostas prontas. Os limitantes têm mente de perdedor e, quando confrontados, dão desculpas. São vítimas, pessoas deprimidas, praticam o coitadismo. Têm sempre um problema para cada solução, desistem diante da primeira dificuldade. A verdade é que não estão contentes com a vida que têm, mas não querem fazer nada para deixarem de ser vítimas porque se crescerem e começarem a prosperar, não poderão mais dar desculpas e colocarem-se como vítimas.

Uma pesquisa mostra que você será a média das cinco pessoas com quem mais convive. E por mais que você seja uma pessoa motivada, se convive muito com vampiros energéticos, quando menos esperar estará também dando desculpas e pegando esses maus hábitos. Cuidado!

No livro "O poder da ação" é relatado o modelo de pensamento das pessoas de sucesso. Elas vivem com os pensamentos 10% no passado, resgatando as memórias boas, 65% no presente, tendo ações para construir sua vida com base na visão que têm de futuro, e 25% no futuro, com pensamentos de fé, visão de futuro e perspectivas da vida que querem ter.

Então, se olharmos para o passado apenas para resgatar as boas lembranças, e construirmos as nossas estradas no hoje com uma visão futuro, não ficaremos pré-ocupados - as preocupações são pensamentos em coisas ruins que de fato não aconteceram, e talvez nem aconteçam. Isso não é um privilégio da nossa época, pois Jesus em sua época já advertia seus discípulos dizendo: "Não vos preocupeis com o dia de amanhã, pois o amanhã trará suas próprias preocupações". (Mt 6:24)

Salomão disse: "O coração ansioso deprime o ser humano, mas uma palavra de encorajamento o anima". Se ficarmos ansiosos com situações que estão no futuro, podemos criar um estado de ansiedade, mas se pensamos em um possível problema que poderá acontecer no futuro e tivermos uma postura de fé e encorajamento, ficamos mais confiantes e em paz.

CORRIDA DA VIDA

Quais são as coisas que têm te preocupado?

insight

Como você pode minimizar isso?

> *"Sejam fortes e corajosos. Não tenham medo nem fiquem apavorados [...], pois o Senhor, o seu Deus, vai com vocês; nunca os deixará, nunca os abandonará".*
>
> *(Deuteronômio 31:6)*

8 CORAGEM

A coragem é uma força ou energia, ânimo, bravura, firmeza, intrepidez, ousadia, ação e efeito diante de algum perigo ou desafio.

Quem já assistiu ao filme Coração Valente, com o Mel Gibson, pode perceber que a coragem e o otimismo de seu personagem influenciaram os homens que faziam parte de seu exército que queriam desistir e procurar um lugar para se esconder. Eles estavam tomados pelo medo e por isso não conseguiam imaginar outra saída, porém, com a atitude de força, ânimo e encorajamento do seu líder, todos aceitaram o desafio, e perceberam que, independente do que fosse acontecer, eles estavam em busca de um propósito maior do que eles.

Quando estamos tomados pela emoção fazemos escolhas que atrapalham nossa caminhada em direção ao alvo. O medo e a insegurança começam a nos contaminar e são um dos principais obstáculos que encontraremos ao nos depararmos com situações difíceis. A única força capaz de nos ajudar nessas situações é a coragem.

A coragem é a força positiva usada para combater momentos difíceis da vida. É o que nos impulsiona a encararmos nossos próprios medos e a continuarmos na direção do nosso objetivo. Podemos ver exemplos na natureza, como o leão, que é um animal conhecido por ser o rei da selva por sua coragem. Algumas profissões são impossíveis de serem alcançadas sem coragem, como no caso dos bombeiros, policiais, salva-vidas, juízes de direito, pilotos, motoboys, professores, instrutores de paraquedas, alpinistas, entre outros.

Muitas áreas são afetadas se não tivermos coragem. Às vezes, quando ligamos a TV, somos bombardeados por tantas notícias ruins que ficamos desanimados para sair de casa. Mas quando lembrados do nosso propósito e das forças que nos impulsionam, vamos à luta para encarar mais um dia, por mais difícil que pareça a nossa batalha. O que vai fazer a diferença na nossa vida e também na das pessoas que estão ao nosso redor, é a maneira como enxergamos cada situação. Nosso ponto de vista fará toda a diferença.

> *Na corrida da vida não há lugar para desânimo e fraqueza, só os fortes e corajosos vencem.*
>
> *Os covardes se escondem, os fracos desistem, mas os fortes e corajosos vão até o fim.*

Na corrida da vida não há lugar para desânimo e fraqueza, só os fortes e corajosos vencem. E essa força não provém de uma capacidade física, mas de algo que está seu interior, como sua fé, suas crenças, suas convicções e seu espírito. Não existe nada tão poderoso em você quanto seu espírito.

A coragem é o oposto do medo, e existem dois tipos dele. O primeiro é o medo que nos paralisa, uma das razões que impede a maioria das pessoas de avançarem rumo aos seus objetivos. Ele é tão grande que chega a ser maior do que a vontade de vencer, e é mais conhecido como medo do fracasso.

O segundo tipo de medo é aquele que nos impõe limites. Esse podemos usar a nosso favor. Afinal, respeitar nossos limites não significa que temos medo de arriscar, mas que sabemos o tamanho do passo que podemos dar rumo aos nossos objetivos.

O medo é um estado emocional, e quando agimos pela emoção, muitas vezes não conseguimos tomar decisões. Quantas vezes deixamos a oportunidade passar à nossa frente? Quantas vezes deixamos de fazer uma pergunta na reunião por medo? Muitas vezes o medo é o nosso sabotador. Há o medo de falar em público, de dirigir, de ser reprovado pela sociedade, de "quebrar" depois do quilômetro 30 de uma maratona. Mas, em algumas situações, podemos usar o medo a nosso favor. Nesse caso, é o medo que impõe limites. O medo de não completar uma maratona, por exemplo, pode motivá-lo a se preparar melhor, treinar mais, se aprofundar no assunto, buscar conselhos. Ou o medo de não ser aprovado no vestibular, que também pode impulsioná-lo a estudar mais. Quando conseguimos ter o discernimento para saber quando o medo está sendo um bloqueio em nosso caminho e nos afastando de nossos sonhos, podemos usá-lo a nosso favor.

Quando entramos no estágio do medo e queremos sair dele, uma arma importante é lembrarmos de quem somos e qual é o nosso propósito naquela ocasião. Precisamos resgatar nossas forças e lembrarmos de nossas virtudes, de situações em que sentimos coragem. Faça isso por alguns minutos. Busque no seu interior momentos da sua vida onde você agiu com coragem, lembre-se das pessoas comentando dessa sua atitude e de como você se sentiu quando isso aconteceu, lembre-se das pessoas que você ama e das que te amam. Fortaleça-se e vá ficando cada vez mais forte e mais corajoso.

Isso vai blindá-lo contra o medo e mudar seu estado emocional diante de tal situação. Uma boa notícia é que essa estratégia pode ser usada sempre que for preciso. É uma maneira de dizermos a nós mesmos e à nossa mente: "já passei por essa situação e venci, e vou vencer outra vez".

Coragem é colocar seus sonhos acima dos seus medos.

insight

"Acima de tudo o que se deve preservar, guarda o íntimo da razão, pois é da disposição do coração que depende toda a tua vida." (pv 4.23)

O CORAÇÃO BEM DISPOSTO

Nosso cérebro é incrível, e toda vez que o submetemos a alguma tarefa, ele procura alternativas em nossos arquivos de memória, escolhendo qual demandará um desgaste menor de energia, e nos sugerindo o caminho mais fácil e de menor desgaste.

Faça um teste. Tente assistir a um filme com o áudio em inglês e a legenda em português. Naturalmente você lerá as frases, mesmo que seja fluente em inglês, porque esse é o caminho mais fácil.

Depois faça outro teste colocando o áudio em português e a legenda em inglês. Provavelmente você vai ignorar a maioria dos textos da legenda.

Em seguida, um terceiro teste: deixe o filme com áudio em inglês e sem legenda. Nesse caso, você não tem alternativas além de se concentrar para entender o que os personagens estão falando. Como esse não é nosso idioma nativo, o nível de concentração será maior.

Diante disso, podemos entender por que nossa natureza tem uma tendência a procurar o caminho mais fácil. O problema é que na maioria das vezes esse caminho pode nos trazer prejuízos a longo prazo.

Imagine que você está se preparando para uma corrida ou fazendo alguma dieta e, sabendo que uma porção de batata frita não estava nos planos, quando pensa nela já fica com água na boca. Isso gera uma sensação muito boa e a vontade de sentir o prazer imediato é muito forte. Nessa hora você estará com uma batalha na mente por querer se render e comer a batata. Muitas vezes eu já me rendi, porque nós estamos condicionados ao prazer imediato. Por esse motivo é tão difícil guardar dinheiro: escolhemos o prazer imediato. Não vou me aprofundar nesse assunto porque não é minha especialidade.

O ponto onde quero chegar é: qual é a nossa disposição para acordar de manhã e irmos trabalhar? Qual é a energia que nos move? De onde vem essa força e, quando ela se esgota, o que devemos fazer?

Salomão diz que precisamos guardar a nossa disposição, e para que isso aconteça precisamos estar motivados. Mas, diante de um mundo com tantos problemas, como vamos nos manter motivados?

Não tenho todas as respostas, mas o que nos move são as perguntas. Gostaria que agora você parasse e refletisse sobre essas perguntas, pois acredito que a resposta está dentro de você e só você sabe o que te motiva.

Algumas coisas que funcionam para mim podem não funcionar para você, mas eu o desafio a buscar no íntimo do seu ser o que o move.

Pense nas pessoas que você ama, seus filhos, seus pais, sua família, seus melhores amigos.

Assuma o controle da sua vida. Eu acredito que Deus está no controle de todas as coisas, mas nos deu o livre arbítrio. Não podemos ficar em casa esperando as coisas acontecerem, precisamos dar passos na direção do nosso propósito.

É muito comum buscarmos atalhos e soluções rápidas para nossos problemas, e empresas estão faturando milhões com a realização desses atalhos. No setor de qualidade de vida, por exemplo, nos oferecem soluções milagrosas, como perder 10 kg sem sair da cama ou aprender inglês dormindo, e por aí vai.

A indústria farmacêutica oferece remédios milagrosos para pessoas que querem ter um sono de qualidade, diminuir a ansiedade, emagrecer, engordar, acelerar, desacelerar, melhorar a memória, fortalecer isso ou aquilo.

No livro "A semente da vitória", de Nuno Cobra, ele diz que o nosso corpo é capaz de produzir até morfina se for preciso, mas para isso temos que deixá-lo trabalhar, apenas tomando água, nos alimentando bem e dormindo, porque é a noite que o corpo se recupera e faz todo esse trabalho.

Se formos realistas e encararmos a vida como ela realmente é, ao invés de sonharmos e esperarmos que outras pessoas realizem nossos sonhos, se quando nossos planos não derem certo, ficarmos justificando e sempre achando uma desculpa para aquela situação, ou se, ao invés de pensarmos nas soluções, ficarmos olhando para os problemas, a vida será mais difícil. Mas se estivermos dispostos a fazer o nosso melhor, encarando os desafios com força e determinação, acredito que a vida será mais agradável.

Se você estiver inconformado com o lugar onde está, isso já é um bom começo.

> *"Se você só estiver disposto a realizar o que é fácil, a vida será difícil. Mas, se concordar em fazer o que é difícil, a vida será mais fácil."*
> (T. Harv Eker, no livro "Segredos da Mente Milionária")

"Não chegues à exaustão na tentativa de conquistar a riqueza; tenha bom senso! Os bens e o prestígio desaparecem como num piscar de olhos; criam asas e voam pelos céus como a águia." (pv 23:4-5)

10 VIVER OU EXISTIR

Para existir não precisamos nos esforçar muito, pois é só deixar a vida nos levar. Assim, um dia após o outro, vemos as oportunidades passando à nossa volta e as deixamos ir embora. Por fim, acabamos fazendo somente o necessário para sobreviver e deixamos que os outros decidam nossa vida por nós.

Mas para viver precisamos estar motivados. É preciso desapegar de manias e paradigmas; buscar sonhos e procurar viver com alegria, colhendo o fruto do trabalho realizado, mesmo em meio às dificuldades, pois como bem disse Rock Balboa, na vida "não importa o quanto você bate, mas sim o quanto aguenta apanhar e continuar.

Precisamos quebrar a rotina, plantar aquilo que queremos colher, cultivar sonhos, mas ninguém pode fazer isso por nós. É uma decisão exclusivamente sua. Ninguém irá pressionar para você sonhar e viver sua vida; ninguém lhe pressionará para cuidar de sua saúde e ninguém lhe obrigará a cuidar de suas finanças.

A motivação pode ser pelo prazer ou pela dor. Quando você tem um sonho que impulsiona e coloca um sentido em sua vida, trata-se de uma motivação de prazer, seja ela qual for, desde a vontade de dar um futuro melhor para sua família, comprar a casa dos sonhos, ser um empresário, até ajudar ao próximo e cumprir um propósito.

Mas se você não se motivar pelo prazer de um futuro melhor, será pressionado a se motivar pela dor. Em alguns casos, isso pode ser bom, pois a vontade de se livrar dessa dor, seja a conta bancária no vermelho, não poder comprar algo para seu filho, um relacionamento que não deu certo, ou qualquer outra dor que incomode, irá lhe projetar para o futuro. Ninguém está livre de errar, pois é com os erros que aprendemos. Todos os grandes pensadores da história e que muito contribuíram com suas descobertas, erraram muito antes de acertar, tais como Einstein, Isaac Newton, Michael Jordan, entre outros.

Como tudo na vida, viver ou existir são escolhas. Alguns vivem e tornam-se autores da sua própria história, outros apenas existem. Decida o que você quer fazer e faça!

Durante uma sessão de coaching, tive uma experiência que gosto muito de citar porque é bem simples para se entender a diferença entre a motivação de dor e prazer. A dificuldade da pessoa era entrar em ação. Apesar de a pessoa reconhecer que era criativa e tinha muitas ideias, que sonhava muito com o futuro e que era bom em planejamento, reconhecia também que sua dificuldade era de fato colocar uma de suas ideias em prática.

Ao perguntar-lhe qual era o seu sonho, respondeu-me que queria montar uma empresa em Orlando e se mudar para lá com sua família. Isso porque quando foi para a Disney com sua família, sua filha e esposa choraram no voo quando estavam indo embora. Nesse momento ele decidiu que essa era a vida que desejava ter para ele e sua família. Essa seria sua motivação de prazer.

Quando imaginava ele e sua família morando lá, sua expressão mudava na hora, era algo muito forte mesmo. Mas mesmo com toda essa alegria, ainda tinha dificuldade em entrar em ação. Então pensei que deveríamos seguir pela motivação da dor. Perguntei-lhe como se sentiria se daqui a dez anos, não tivesse conseguido realizar esse sonho e estivesse morando no mesmo lugar de hoje e trabalhando no mesmo lugar. Ele mudou o semblante imediatamente e ficou triste. Disse que se sentiria um fracassado. Quando perguntei-lhe qual seria o título para essa vida, respondeu-me que seria "vida de fracasso". Então, fiz outra pergunta: se daqui a dez anos você estiver vivendo em Orlando com sua família, com sua empresa, seus pais indo visitar-lhes nas férias, nos finais de semana você indo para a Disney com sua mulher e filha, como seria a sua vida e que título você daria para ela? Rapidamente ele voltou a ficar animado e disse que seria "uma vida de sucesso".

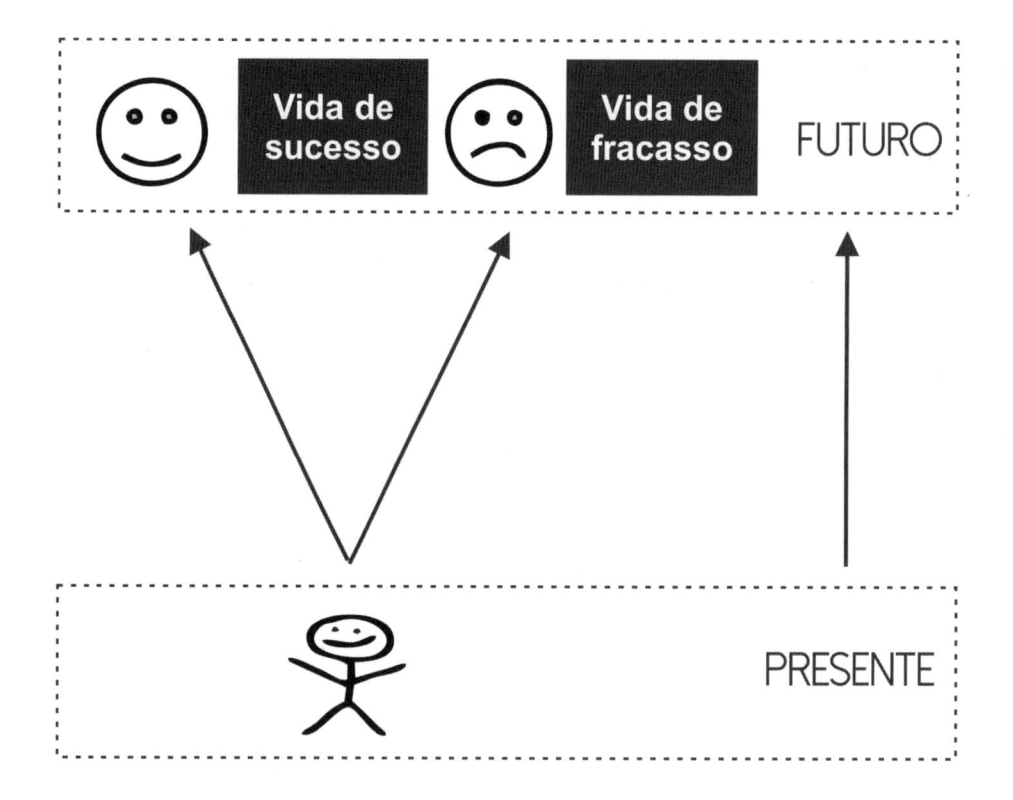

CORRIDA DA VIDA

Perguntei-lhe, olhando para esse quadro: você consegue ter uma visão do seu futuro? Qual futuro você quer para você e sua família? Disse ainda: a partir de hoje, todo dia quando acordar, pergunte-se se será um dia que vai te aproximar de sua vida de fracasso ou de sucesso. Quando estiver com dificuldade para entrar em ação, pergunte-se: isso está me aproximando de minha vida de fracasso ou de sucesso?

Percebi que ele gostou pois logo em seguida disse-me que iria pregar as perguntas ao lado de sua cama para que pudesse se lembrar todos os dias se estava se aproximando de sua vida de sucesso ou não.

Esse foi um exemplo de motivação pela dor, pois quando imaginava o seu futuro sem a realização do seu propósito, a pessoa se sentia fracassada. Quando pensamos em nossas ações diárias, fica mais fácil para saber se estamos nos aproximando ou nos afastando dos nossos sonhos.

Imagine a sua vida daqui a dez anos:

Qual seria o título que você daria para sua vida se alcançar seus sonhos e objetivos?

Qual seria o título que você daria para sua vida se não alcançar seus sonhos e objetivos?

Quais as ações diárias podem aproximá-lo da vida que você pretende ter no futuro?

insight

"Observei também que todo trabalho e todo êxito ocorre porque há uma competição entre os homens. Isso é um despropósito tal como correr atrás do vento." (Eclesiastes 4.4)

MEU MAIOR ADVERSÁRIO

É muito comum compararmos nossos resultados com o de outras pessoas, seja as notas da faculdade ou a colocação no vestibular, seja a comparação entre sua conta bancária, ou seu carro com de outros amigos. No esporte não poderia ser diferente, porém, ao contrário da vida cotidiana, no esporte essa comparação fica mais evidente. Principalmente porque quando participamos de provas que publicam os resultados em um site por ordem de chegada, é natural, você olhar o seu resultado, e depois lembrar de algum amigo que fez a prova e querer ver o resultado dele.

Isso pode ajudá-lo a evoluir e motivá-lo a alcançar resultados melhores, mas também pode atrapalhar, quando se transforma em uma competição interna e você não corre mais porque gosta, mas sim para chegar na frente do seu amigo. Quando você não corre para vencer seus limites, mas para provar para a sociedade que você é melhor que uma determinada pessoa.

Isso já aconteceu comigo e quando percebi comecei a pensar por que estava fazendo aquilo com minha vida. Percebi que não fazia sentido, pois cada um havia alcançado o resultado que fez por merecer. Comecei a me frustrar porque não estava mais me divertindo, e sim buscando somente performance. Embora não haja nada de errado em querer evoluir, não podemos deixar a competição tomar o controle de nossa vida. Se eu não estiver praticando o esporte com amor e alegria e não estiver me divertindo, estou perdendo o meu tempo, porque não sou atleta de elite, que depende de uma alta performance para manter-se no esporte como profissional. Descobri que ficar me comparando com outros é correr atrás do vento e que nos machucamos muito quando isso acontece. Nos tornamos um leão de treino, correndo o risco de nos machucar, e não percebemos que quando chegar o dia da prova, poderemos estar cansados a ponto de não conseguirmos dar o nosso melhor.

Aprendi que melhor do que olhar para os resultados dos outros é olhar para os seus resultados. Você é seu maior adversário e pode ir além dos seus limites. Você pode dar o seu melhor.

Não conheço ninguém que após ter dado o seu melhor tenha se arrependido. É assim na corrida da vida, é assim no trabalho, é assim no esporte e é assim na sua família. Buscar a excelência é buscar conhecimento em alguma área da vida que você pretende evoluir; é colocar em prática e fazer isso muitas vezes, ou seja, excelência é conhecimento, prática e repetição.

Em qual área da vida você gostaria de buscar a excelência?

insight

"Até os jovens se cansam e ficam exaustos, e os moços tropeçam e caem; mas aqueles que esperam no Senhor renovam as suas forças. Voam alto como águias; correm e não ficam exaustos, andam e não se cansam."

VENCENDO O CANSAÇO

Se está cansado, a melhor maneira de vencer o cansaço, apesar de parecer óbvia, é descansar. Lutar contra o cansaço é como correr atrás do vento e ficar reclamando que você está cansado e justificar o motivo, não resolverá o problema! Além disso, você pode acabar contagiando as pessoas à sua volta com o seu mau humor causado pelo cansaço.

As longas jornadas de trabalho, o estresse louco pela sobrevivência, o trânsito cada vez pior, o pouco tempo que temos para dormir, as notícias horrendas e chocantes do dia a dia, a rotina massacrante, tanto dentro quanto fora de casa, tudo isso tem ajudado a provocar um desgaste físico e um cansaço mental, chamados "lapsos de memória".

Como vimos no texto acima, o remédio para o cansaço é descansar e "esperar no Senhor". Isso significa que é preciso manter a calma e ter paciência. De fato, ele está nos dizendo para recarregar as baterias e confiar Nele, que tudo está sob controle. Soldado que luta exausto não tem forças para a batalha. Descansar de fato, significa não ficar ansioso, deixando que a ansiedade tire a sua paz. Nesse caso específico, estamos falando do cansaço mental.

Tornou-se comum não nos lembrarmos mais nem dos nomes das pessoas com as quais convivemos. Muitas situações do dia a dia, que parecem simples, tornaram-se apavorantes. Como quando alguém volta para ver se travou o alarme do carro ou se desligou o ferro de passar. Em alguns casos mais extremos, situações de pais que esquecem um filho pequeno trancado no carro. Em relação às senhas de acesso, a situação é bem mais complicada, são tantas senhas, que é praticamente impossível lembrar de todas.

O esquecimento já é uma epidemia entre a população e revela-se maior até mesmo que a dengue. Quando essas coisas acontecem com os mais jovens, a explicação parece pronta: "Ah, ele é desligado, não presta atenção em nada. Só não esquece a cabeça porque está grudada no pescoço". No entanto, diante do esquecimento dos mais velhos, a reação é diferente.

Eu tinha boa memória, mas percebo que em minha prática diária estou sempre me esquecendo de algo. Será que estou ficando velho?

Esquecer faz parte do processo, se armazenássemos todas as minúcias do cotidiano na memória de curto prazo, o cérebro precisaria ser muitíssimo maior.

Além disso, é bom considerar que estaríamos acumulando uma série totalmente desnecessária de dados. Esse caráter seletivo da memória é muito importante. Ao que parece, ele mantém um processo interativo com determinadas fases do sono, nas quais as informações são reorganizadas e distribuídas em diferentes patamares de acordo com a necessidade, o que mostra uma relação muito próxima entre os processos biológicos e a memória.

Considerando esse sistema interativo, pode-se dizer que uma das características da memória é a necessidade de ser modificada a cada instante, para que não sejam guardadas informações desnecessárias.

A memória não é um fenômeno isolado no organismo, mas faz parte de todo um sistema, razão pela qual é fácil influenciá-la negativamente. Do mesmo modo, também é fácil beneficiá-la, uma vez que o bom funcionamento do organismo favorece a boa memória.

Talvez seja o que acontece quando a pessoa chega a uma festa e é apresentada a diversos convidados. Alguns minutos depois, não se lembra o nome de nenhum deles e acha que sua memória está falhando. Na verdade, ela talvez tenha se distraído com o fato de estar sendo apresentada a um desconhecido e por isso não prestou atenção nos nomes que foram ditos.

CORRIDA DA VIDA

Provavelmente o foco de atenção dessa pessoa não estava voltado para o nome das pessoas, mas para qualquer outra coisa que tenha ocorrido naquele momento.

A solução: lapsos de memória podem ocorrer provocados pela sobrecarga de atividades. Se não houver, porém, nenhuma doença que justifique essa perda, com exercício e atenção é possível manter o bom funcionamento da memória.

Diante de tudo isso chegamos à conclusão que para descansar a mente precisamos cansar o corpo, ou seja, praticar exercícios físicos com regularidade, manter uma alimentação balanceada e dormir um sono de qualidade. Apesar de sabermos disso, por que a maioria de nós não consegue colocar em prática?

Atletas de alta performance sabem que para obter resultados expressivos precisam de três pilares: treino, alimentação e descanso.

Como anda o seu descanso?

Quantas horas você tem dormido por dia?

O que pode ser feito para melhorar a qualidade do seu descanso?

insight

"Todos os dias são tristes para os que mantêm o coração aflito, mas a vida é agradável para as pessoas que buscam alegrar a alma." (pv 15:15)

SUPORTANDO A PRESSÃO

Aquele que deseja alguma coisa busca um caminho, e aquele que não sabe o que quer procura uma desculpa.

Silvio Santos era um vendedor ambulante e se tornou um dos maiores empresários do nosso país. Quantas pessoas você conhece que tinham melhores condições financeiras que ele? E quantas pessoas eram mais inteligentes que ele?

Com certeza muitos, então porque essas pessoas não conseguiram alcançar o mesmo resultado que ele?

Quando pergunto a um treinador esportivo sobre a escolha entre o atleta com o biotipo perfeito e o atleta motivado, a resposta sempre é a mesma: o mundo ideal seria o atleta com o biotipo perfeito e motivado. Porém, se fosse para escolher entre um e outro, com certeza, escolheria o motivado.

O atleta motivado é aquele que mesmo diante do julgamento negativo das pessoas, jamais perde de vista o objetivo. Como, por exemplo, quando dizem que você não tem altura para ser jogador de basquete, ou que não tem condições de comprar uma bicicleta mais leve, e o atleta pensa em seu interior que pode saltar mais alto que os outros, ou que pode perder alguns quilos e fortalecer as pernas. Ayrton Senna quando começou não tinha o melhor carro, e mesmo assim era competitivo, movido por sua vontade, amor e determinação pelo que fazia.

O CARVÃO E O DIAMANTE

O carvão é um tipo de rocha que pode ser facilmente encontrado na natureza. De aparência opaca e cor escura, é facilmente encontrado em minas a céu aberto. Isso o torna um material abundante e de pouco valor no mercado.

O diamante é o mineral mais duro do mundo conhecido pelo homem, geralmente transparente e muito raro de ser encontrado na natureza. Isso o torna um objeto de desejo e admiração.

Porém, a essência do carvão e do diamante são a mesma: ambos são feitos de carbono.

A principal diferença entre o carvão e o diamante, é a maneira como eles são gerados. O que define se um simples pedaço de carvão será um lindo diamante é a pressão que eles recebem.

O diamante, sendo carbono puro, arde quando exposto a uma chama, transformando-se em dióxido de carbono. É solúvel em diversos ácidos e infusível, exceto a altas pressões.

O diamante é o mais duro material de ocorrência natural que se conhece, com uma dureza de 10 (valor máximo da escala de Mohs). Isso significa que não pode ser riscado por nenhum outro mineral ou substância, exceto o próprio diamante.

Seu brilho é derivado do elevadíssimo índice de 2,42. Recorde-se que todos os minerais com índice maior ou igual a 1,9 possuem esse brilho. No entanto, os cristais não cortados podem apresentar um brilho gorduroso. Pode apresentar, ou seja, a incidência dos raios produz com cores variadas originando colorações azul, rosa, amarela ou verde

O carbono junto com a água e nitrogênio constituem 95% de um ser humano. O carvão é então uma forma básica que já existe em cada pessoa. Somos todos iguais na composição dos materiais que fomos formados.

O que nos torna absolutamente únicos é o quanto de pressão iremos suportar.

CORRIDA DA VIDA

Assim como no caso do diamante, o formato que damos à nossa mente e ao nosso corpo é responsável por nosso valor e define se seremos carvão ou diamante.

Nenhum obstáculo será grande se a sua vontade de vencer for maior. Ser um diamante está diretamente ligado à quantidade de pressão que você irá suportar em sua vida.

Você está disposto a ser um diamante ou prefere ser carvão?

insight

"Se você treinar arremessos durante oito horas por dia e sua técnica estiver errada, você vai ficar bom em fazer arremessos errados." (Michael Jordan)

14 NÃO EXISTEM ATALHOS

Quando leio a frase acima, lembro-me muito dos meus treinos de natação. É um esporte que exige muita técnica e pouca força. É melhor treinar mil metros com a técnica correta do que cinco mil metros nadando de maneira errada, sob o risco de se cansar rapidamente e desistir da prova. Por muito tempo eu fiz a segunda opção: nadava de 10 a 15km por semana, mas com a técnica errada e sem acompanhamento de um profissional. Quando comecei a nadar duas vezes por semana com treinos de 1.500m com professor me corrigindo, comecei a evoluir.

Muitas vezes em nossa vida queremos ir pelo caminho mais rápido. Isso é natural, eu já fiz essa tentativa algumas vezes, mas geralmente o caminho mais rápido não vale a pena.

Às vezes, pessoas fazem operações arriscadas na bolsa de valores para ficarem ricos mais rápido, eu já fiz isso e perdi muito dinheiro. Mas o pior não foi perder dinheiro, porque o dinheiro pode ser recuperado. O que mais me decepcionou foi o tempo perdido, porque este não pode ser recuperado. Isso sem contar a tensão e o stress a cada variação da bolsa.

Algumas pessoas tomam estimulantes para levar o corpo além do seu limite, porque não querem esperar o tempo certo de evolução de seu condicionamento.

CORRIDA DA VIDA

Alguns pagam um preço alto pela adequação mais rápida a um padrão de beleza imposto pela sociedade, porque não querem fazer uma alimentação adequada e praticar uma atividade física.

Geralmente o caminho mais rápido traz consequências. Precisamos ter consciência se estamos dispostos a pagar por esse preço, pois tudo tem um preço e em algum momento precisamos pagar a conta.

Podemos pagar a conta antes, ou depois, mas quando a conta vem depois, podemos ter algumas surpresas. É como quando vamos jantar em um restaurante que você paga antecipado, ou em outros você paga depois. Quando se paga antes você tem opção de mudar de ideia, mas quando se paga depois, não tem escolha.

As vezes seu GPS traça uma rota pelo caminho mais curto, mas nem sempre o caminho mais curto é a melhor opção, e nem sempre será o mais rápido.

Mais importante que a velocidade, é estar na direção certa, e mais importante do que a velocidade é estar progredindo, pois, ainda que seja pequeno, o progresso é uma evolução. Se a cada dia você se aproximar de seu objetivo, mesmo que seja um pequeno passo; se estiver na direção certa, não há dúvida de que você chegará onde pretende chegar.

Acredito que em termos de condicionamento físico, não existem atalhos, porém o tempo de aprendizado, conhecimento e sabedoria, podem ser abreviados e nos poupar de muitos erros. Imagine que você tenha a oportunidade de estar com um especialista em determinada área, e puder fazer a ele todas as perguntas que quiser. É provável que em uma hora de conversa, aprenda coisas que não aprenderia nem em cinco anos de faculdade. Pois: "Tudo aquilo que eu não tenho é por causa de tudo aquilo que eu não sei, porque se eu soubesse eu já teria" (Paulo Vieira).

Na corrida da vida, mais importante do que a maneira como começou, será a maneira como irá terminar. Não adianta sair correndo com toda sua força e dando seu máximo no primeiro quilômetro de uma maratona. Caso isso aconteça, provavelmente você não terminará a prova. Melhor começar devagar, ir progredindo ao longo do percurso e dar o seu *sprint* final quando se aproximar da chegada.

Salomão disse:

"Melhor é o fim das coisas do que o seu começo." (Eclesiastes 7:8)

"Temos diferentes dons, de acordo com a graça que nos foi dada. Se alguém tem o dom de profetizar, use-o na proporção da sua fé; se o teu dom é servir, sirva; se é ensinar, ensine; se é encorajar, aja como encorajador; o que contribui, coopere com generosidade; se é exercer liderança, que a ministre com zelo; se é demonstrar misericórdia, que a realize com alegria. O amor é a base dos dons." (Rm 12:6-8)

15 DESCUBRA SEU TALENTO

Você ainda não descobriu o dom que recebeu, aquele talento natural que você tem e ama fazer, aquilo que te faz dar o máximo da sua potência, aquilo que você faz e nem percebe a hora passar?

Descobri um dom que recebi aos 14 anos quando abandonei o futebol, porque ele me abandonou desde quando nasci. Nunca joguei bem, sempre era um dos últimos a ser escolhido nos times da escola. Esse foi um dom que eu não recebi. Dizem que quem é ruim de futebol gosta de correr; eu me enquadro no grupo dos que gostam de correr.

Tudo tem um propósito. Encontre um esporte que você goste de praticar e isso será um prazer e não um sacrifício.

Encontre uma profissão que você ame e trabalhará com mais alegria. Na nossa vida profissional também é assim, porque as áreas da nossa vida se conectam, e é preciso buscar o equilíbrio.

Não adianta eu ser feliz somente fora do trabalho, e quando chegar no domingo à noite, ao lembrar que irei trabalhar na segunda, isso me deixar triste. É preciso ser o oposto disso. Precisamos ser no mínimo gratos por termos um trabalho, porque é dele que vem a nossa fonte de renda. Precisamos trabalhar para viver, tendo o cuidado de não viver para trabalhar.

Já li alguns livros que sempre afirmam que descobrir a sua paixão faz com que você não trabalhe nenhum dia. Acredito que isso seja possível, e realmente penso que devemos buscar isso na medida do possível, mesmo que em tempo parcial. Assim, quem sabe um dia isso se transforme em sua atividade principal.

Mas como saber se você encontrou a sua paixão? Uma das respostas que encontrei e mais gostei foi a do Nick Vujicic:

> *"Você saberá que encontrou sua paixão quando seus talentos, conhecimento, energia, foco e comprometimento se reunirem de uma maneira que o entusiasme, como se fosse uma criança com o brinquedo novo. Seu trabalho e prazer se tornam a mesma coisa."* (Nick vujicic, pág. 132 do livro Superação)

Um exercício que pode ajudar a descobrir a paixão é o seguinte: imagine que você recebe uma ligação de uma grande marca que irá te patrocinar até o final da sua vida e você não precisará se preocupar com recursos financeiros.

O único requisito é que você faça aquilo que ama. O que você faria?

São tantas respostas, e mesmo que pareça fácil, a resposta não é tão simples. Todos os dias temos que nos fazer essas peruntsa: eu estou fazendo aquilo que realmente amo? O que posso fazer na vida que possa amar e que seja algo que me permita olhar para trás e sentir orgulho?

No livro Romanos, como lemos no início deste capítulo, o apóstolo Paulo fala sobre os dons. Diz que precisamos fazer com alegria e que o amor é a base dos dons. De fato, o amor é o combustível, pois sem amor não somos nada.

Imagine você na melhor *self* da sua vida. Como, onde e com quem seria?

Nunca vi pessoas fazendo *self* em momentos tristes. É raro ver pessoas fazendo *self* em momentos que estão trabalhando em um escritório, quando estão chorando, ou em outros momentos de tristeza.

Imagine que essa *self* não seja para provar nada às pessoas e que, com toda sinceridade, seja um retrato verdadeiro do seu futuro. Um sonho, uma visão de um lugar onde você irá chegar, daqui a cinco anos, daqui a dez anos.

Quantas corridas você já fez?

Em que lugar você estará trabalhando?

Quem serão os seus amigos?

Quais foram as suas conquistas?

Na corrida da vida, nós sabemos que quanto menos esperarmos que as coisas aconteçam naturalmente, e imaginarmos que as pessoas farão as coisas por nós, menos iremos nos decepcionar. É preciso encarar a realidade, afinal, na maioria dos dias, nós precisamos acordar cedo e ir trabalhar. Por isso é tão importante estarmos felizes em nosso trabalho, pois é lá que iremos passar grande parte da nossa vida.

Gosto da frase do Bruce Lee que diz o seguinte: *"Esperar que a vida te trate bem porque você é uma boa pessoa é a mesma coisa que esperar que um tigre não te ataque porque é vegetariano."*

Em seu discurso na turma de formandos de Harvard, Steve Jobs disse o seguinte: *"A única maneira de fazer um excelente trabalho, é amar o que faz. Se você ainda não encontrou, continue procurando. E não desista enquanto não encontrar, pois assim como todos os assuntos do coração, você saberá quanto encontrar".*

Dar menos que o seu melhor é desperdiçar um dom que recebeu. Qual dom você recebeu?

CORRIDA DA VIDA

A criança que você foi um dia se orgulharia da pessoa que você se tornou hoje?

"A expectativa que se adia deixa o coração adoecido, mas o anseio satisfeito renova o vigor da vida."

16 REALIZANDO DESAFIOS

Somos movidos por desafios. Descobri que cada vez que iria definir qual seria a próxima prova, isso despertava algumas áreas do meu inconsciente e me fazia, sem perceber, traçar planos e definir objetivos.

Quem pratica esportes sabe que quando decidimos participar de uma prova, geralmente é necessário fazer um planejamento e uma preparação maior.

Quando visualizamos um objetivo, estamos fazendo nosso corpo acreditar que aquilo é possível.

Quanto maior o objetivo a ser alcançado, maior tem que ser a dedicação. Nesse momento é preciso refletir. Se o seu objetivo, por exemplo, for completar uma maratona, é preciso ter disposição e muita determinação para treinar. Nessa caso você precisa escolher uma prova, definir uma data e no momento em que define uma data, seu objetivo será transformado automaticamente em uma meta.

Eu tinha o sonho de fazer o Ironman de Florianópolis. Foram dois anos de planejamento, porque precisava me preparar financeiramente. Isso porque precisava ter o valor em mãos no dia da inscrição, pois estas se encerram em quinze minutos. Caso não conseguisse, teria que esperar o próximo ano. Então, tive que me preparar fisicamente, mentalmente e financeiramente.

Planejamento sem ação não gera resultado. Para transformar o nosso desafio em realidade, é preciso entrar em ação. Ter um plano para entrar em ação ajuda muito.

Depois de refletir sobre tudo de que precisa, é hora de colocar em prática e seguir o que você planejou. Imprevistos podem acontecer. Uma pesquisa revela que 10% das coisas que acontecem conosco estão fora do nosso controle. São intervenções externas, portanto, temos que focar nos 90% que estão sob nossa responsabilidade. Cada dia é uma peça do seu quebra-cabeça que é colocada em jogo. Todo pequeno começo é uma oportunidade que pode se transformar em uma grande conquista. Quando chegar o grande dia, divirta-se o máximo que puder, porque o maior desafio já foi vencido, e só você sabe o que passou para chegar até onde chegou. Agora é a cereja do bolo. Difícil não é correr uma maratona, difícil é treinar para uma.

Uma maneira de entrar em ação na busca do seu objetivo, é utilizando uma metodologia muito conhecida como **5W2H**. É um plano de ação simples e eficaz que auxilia na solução dos problemas, na tomada de ações corretivas e preventivas e na elaboração de planos e atividades, identificando os elementos necessários que deverão conter em nosso desafio. Afinal, melhor do que um pensamento positivo, é uma ação positiva.

Para utilizarmos o **5W2H** devemos fazer uso das seguintes perguntas abaixo. Vamos usar o exemplo da maratona para facilitar a visualização:

WHAT: o que será feito? (etapas)	Correr uma maratona.
WHY: por que será feito? (justificativa)	Porque será uma realização pessoal em busca da qualidade de vida.
WHERE: onde será feito? (local)	Na cidade do Rio de Janeiro.
WHEN: quando será feito? (tempo)	No mês de julho do próximo ano.
WHO: por quem será feito? (responsabilidade)	Depende de mim.
HOW: como será feito? (método)	Vou treinar cinco vezes por semana com uma assessoria esportiva.
HOW MUCH: quanto custará fazer? (custo)	Despesas com hotel, passagens, alimentação etc.

Um estudo feito com 100 alunos de Harvard fez a seguinte pesquisa, perguntando a eles quais eram seus planos depois que terminassem a faculdade. Somente 3% escreveram esses objetivos. Depois de vinte anos, foi feita a mesma pesquisa com os 100 alunos e apenas três conseguiram alcançar as metas estabelecidas durante a faculdade.

Por isso é importante termos desafios, tanto de longo prazo, como de curto prazo. Se você quer correr uma maratona, o ideal é que tenha corrido distâncias menores como 5km, 10km e uma meia maratona. Esse é o caminho natural, pois mesmo que você não faça provas de distâncias mais curtas, você irá correr distâncias mais curtas nos treinos, a carga de treino irá aumentar gradativamente, e seu condicionamento físico irá melhorar a cada dia.

Em nossa vida pessoal e profissional também é assim: se você tem uma meta de acumular um determinado valor financeiro, é preciso dar o passo inicial e definir a estratégia de como poderá chegar a esse valor, quanto irá poupar por mês e saber em quanto tempo quer alcançar esse objetivo. Essa metodologia se enquadra para qualquer tipo de objetivo.

Se você tem um objetivo de perder peso e quer perder, por exemplo, 10 kg, isso vai ser gradual, pois não dá para perder isso do dia para a noite. É preciso definir as metas de longo prazo e curto prazo. As metas de curto prazo são importantes, pois nossa confiança aumenta a cada vez que percebemos que concluimos uma tarefa e mais um passo foi dado. Se quiser, você mesmo pode definir uma recompensa após a conclusão de cada meta. Isso faz aumentar a motivação.

> *"O crescimento tem que ser intencional, ninguém melhora por acidente." (John Maxwell)*

CORRIDA DA VIDA

Qual seu próximo desafio? Pode começar a trazê-lo para a realidade agora?

WHAT: o que será feito? (etapas)	
WHY: por que será feito? (justificativa)	
WHERE: onde será feito? (local)	
WHEN: quando será feito? (tempo)	
WHO: por quem será feito? (responsabilidade)	
HOW: como será feito? (método)	
HOW MUCH: quanto custará fazer? (custo)	

"As habilidades que te fizeram chegar até aqui, não são as mesmas que te levarão ao próximo nível."

17 O CORPO TEM MEMÓRIA

Dizem que o corpo tem memória. Geralmente ouvimos isso quando algum amigo pergunta se você treinou para determinada prova, e você diz que não conseguiu treinar por conta de alguns compromissos profissionais e familiares. Isso acontece muito na vida de atletas amadores. Quando dizemos isso ouvimos: fica tranquilo o corpo tem memória.

Eu não acreditava nisso até sentir na pele a emoção. Fiz uma prova que geralmente o meu tempo normal seria 5h30min. Sem treinar a quantidade adequada, meu tempo subiu para 7h18min, ou seja, quase 2 horas a mais. Por esse exemplo dá para imaginar o tamanho do sofrimento, e que o meu corpo realmente me lembrou que eu não treinei. Ficou me lembrando durante a prova inteira que eu precisaria ter treinado mais.

Portanto, a lenda de que o corpo tem memória é verdadeira, ele te lembra que você não treinou.

Nossas vitórias antigas podem não significar nada diante dos novos desafios.

A vitória de ontem não faz de você um vencedor amanhã. Quando o Brasil perdeu para a Alemanha na Copa do Mundo de 2014, os inesquecíveis 7x1 ficaram marcados na memória. O que aprendemos com isso é que não é porque o Brasil venceu a seleção campeã mundial um ano antes da Copa do Mundo, que teria garantia de ser campeão.

Cada vitória exige uma nova preparação.

Precisamos ter humildade diante da vida. Não é porque algumas vezes você venceu em determinada área, que isso irá garantir as vitórias de amanhã. Cada vitória exige uma nova preparação.

Se quisermos alguma coisa, precisaremos lutar por ela e estar sempre nos preparando e buscando evoluir de acordo com nossa realidade.

Não é porque você venceu no passado que vencerá no futuro. A derrota de 7x1 do Brasil contra a Alemanha é a prova disso. Nossa seleção estava jogando em casa, com a torcida a seu favor e mesmo assim fomos humilhados.

Essa crença de que o corpo tem memória é verdadeira, pois nosso corpo nos lembra o tempo todo quando deveríamos ter feito algo por ele e não fizemos.

"Ó preguiçoso, até quando ficarás deitado? Quando te levantarás da tua sonolência?" (pv 6:9)

18 VENCENDO A PREGUIÇA

Homer Simpson disse: "Dormir é algo tão bom, o que me impressiona é que é de graça". Dormir realmente é algo que nos faz bem, mas acredito que não queremos ser um Homer Simpson. A maioria dos campeões acorda muito cedo para treinar. Isso também serve para a vida profissional, pessoal e espiritual. Dentre os grandes empresários, a maioria deles acorda muito cedo. Também no esporte a maioria dos campeões olímpicos treina de dez a doze horas por dia.

A verdade é que não há segredo: se queremos verdadeiramente algo, temos que pagar um preço. Gosto de dar exemplos do esporte porque conseguimos ver isso com mais clareza.

Muitas pessoas pensam que querem ganhar na loteria e ficar ricas para passar a vida viajando pelo mundo, dormindo até tarde, descansando e fazendo só o que quiserem.

Talvez isso explique o fato de muitos ganhadores de loteria voltarem à sua condição anterior, conseguindo destruir uma quantidade de dinheiro que parecia infinita.

Eu confesso que sou tentado a ficar dormindo mais um pouco na cama todos os dias. A preguiça nos ataca diariamente, às vezes eu venço, outras, perco a batalha. Eu gosto de treinar antes de ir trabalhar e quando vou pedalar, preciso acordar muito cedo para pegar menor movimento de carros. Às 5h da manhã já tenho que estar pedalando e isso implica em acordar às 4h. Confesso que nos dias de frio e chuva é muito difícil conseguir.

Quando acontece isso, minha mente já manda o recado: está chovendo, dorme mais um pouco e vai pedalar na academia. Eu aceito, volto a dormir e o relógio desperta as 5h45min e novamente vem a mensagem: ainda está chovendo, descansa e deixa para treinar à noite. Às vezes eu faço isso, mas quando chega à noite, algumas vezes consigo treinar e às vezes acontecem imprevistos e não consigo. Então, fico me sentindo mal por ter me autossabotado.

Isso foi só um exemplo, mas cada um tem suas lutas com a preguiça. Precisamos nos motivar para vencermos, pelo menos na maioria dos dias. A preguiça é algo que nos atrapalha, e muitas vezes, nos distancia de um objetivo e da busca pela excelência em algo que você quer muito.

Em casos como esse, quando adiei meu treino para noite, procrastinando e dormindo mais um pouco, é comum você sair da cama somente quando não há mais tempo, e muitas vezes atrasado. Assim, não é raro sair para o trabalho às pressas, sem tomar café, pegar mais trânsito por conta do horário e até correr o risco de chegar atrasado e perder o emprego. Isso já aconteceu comigo. Embora não tenha perdido o emprego, já passei por situações constrangedoras, como chegar atrasado em uma reunião, ou meu gerente ligar e eu ainda estar a caminho. Isso me causava um grande mal-estar, pois além de não ter feito meu treino, ainda consegui me atrasar para o trabalho e não gosto de passar por isso.

Quando estava me preparando para o Ironman, tinha um alvo, e isso me impulsionava a acordar cedo. Depois que o objetivo foi alcançado, ficou bem mais difícil e percebi que quando temos um objetivo, acabamos nos esforçando para conquistá-lo.

Percebi que quando apanho da preguiça, isso tira a minha paz, e quanto mais puder evitar, melhor.

Não é legal ser nocauteado pela preguiça logo de manhã. Quando a vencemos, o dia já começa diferente.

Descubra aquilo que te ajuda a ser mais forte que a sua melhor desculpa, e você será a cada dia mais forte. Descubra aquilo que te faça saltar da cama.

Meu treinador de triathlon Walter Tuche diz o seguinte:

"A preguiça é algo que pode ser exercitado, quanto menos coisas você faz, mais preguiçoso você fica!
Se a falta de tempo fosse o real motivo para não praticar atividade física e cuidar da saúde, os desocupados seriam os maiores campeões do mundo."

"Mas o fruto do Espírito é amor, alegria, paz, paciência, amabilidade, bondade, fidelidade, mansidão e domínio próprio." (Gálatas 5.22)

OS FRUTOS DA CORRIDA

Se você quer mudar os frutos, primeiro tem que trocar as sementes. Quando você quer mudar o que está visível, antes deve mudar o que não pode ser visto.

Se você já participou de alguma corrida de rua, correndo ou torcendo, irá entender melhor o que estou falando. Se nunca foi assistir a uma prova, te aconselho a ir, pois irá perceber a energia contagiante.

Como vimos acima, na corrida - quando digo corrida me refiro a qualquer esporte -, podemos produzir os frutos do espírito que o apóstolo Paulo escreveu na carta aos gálatas.

Vamos falar de três deles que são: alegria, domínio próprio e o amor.

A ALEGRIA

Se observarmos as corridas de rua, que têm crescido muito, podemos ver na grande maioria das pessoas os sorrisos estampados. Se observarmos as fotos que são postadas nas redes sociais, - provavelmente você tem algum amigo que corre -, podemos perceber a alegria nas imagens. Não quero dizer que quem corre não tem problemas na vida, mas que as pessoas que correm, provavelmente têm um outro ponto de vista e uma maneira diferente de encarar a vida.

Na corrida da vida a existência nos faz buscar diariamente a alegria, pois se não buscarmos, corremos o risco de perder a alegria e a motivação, porque aquilo que te alegra hoje pode não te alegrar amanhã. Quando éramos meninos, fazíamos coisas de meninos, depois crescemos, viramos adultos e começamos a fazer coisas de adultos. Portanto, acredito que não exista uma fórmula para a felicidade para o resto da vida. A busca é diária, e o que me faz feliz, pode não te fazer feliz, porque cada ser humano tem seus valores e propósito de vida diferentes. Isso é o que move na busca por melhoria contínua. É importante ter esperança de que seremos melhores amanhã, mais do que fomos ontem, e de que poderemos fazer de forma diferente aquilo que fizemos no passado com o objetivo de sentir com a mesma, ou com mais intensidade, aquela alegria que tivemos no passado.

O DOMÍNIO PRÓPRIO

É a capacidade de fazer o seu corpo realizar algo que você quer fazer, mesmo quando não tem vontade. Os atletas possuem essa incrível capacidade de submeter o seu corpo a se movimentar, e suportar e vencer algumas dores e sofrimentos, porque sabem onde querem chegar, e têm consciência de que vai valer a pena.

Nem sempre o nosso corpo tem vontade de sair da cama, principalmente nos dias frios ou chuvosos, mas quem corre com propósito, sabe que esse tipo de sacrifício faz a diferença.

Se você já correu uma maratona, sabe muito bem o que é domínio próprio depois do km 30, momento em que sua mente pede para você parar. Mas você tem um objetivo e continua determinado, continua lutando, continua em frente, até cruzar a linha de chegada, onde a dor dará lugar a algo muito melhor.

O AMOR

Com exceção dos atletas de elite, que vivem do esporte e têm um salário ou recebem patrocínio para praticá-lo, todos nós somos considerados atletas amadores, ou seja, fazemos isso por amor e não recebemos nenhuma quantia financeira por isso. Mas temos o prazer de praticar esse esporte. Acredito que os atletas de elite também amam o seu esporte, caso contrário não chegariam a obter resultados de alta performance.

Quando fazemos as coisas por amor, conseguimos deixar de dormir para fazer o que amamos, como acordar às 5h da manhã para correr, embora muitos digam que estamos loucos. Isso é o que fazem os atletas que amam o seu esporte.

O amor é a lei suprema e você só tem uma vida para dar o seu melhor.

Da mesma maneira que as árvores, nos conhecemos pelos frutos. A corrida e os esportes têm seus frutos: melhorar a qualidade de vida, saúde, disposição, determinação, domínio próprio, gratidão, disciplina, força de vontade, longevidade, conexão e muitos outros.

Todo campeão foi um dia um competidor que se negou a desistir, e quando digo campeão não estou falando daquele que levanta o troféu, mas o campeão em suas atitudes, que é ser fiel aos seus valores; cumprir suas metas e propósitos; buscar superação; não desistir no primeiro sinal de dor. São aqueles que encontram um caminho ao invés de uma desculpa.

20 PAGANDO PARA SONHAR

Alguma vez você já pagou para sonhar? Vejo muitas pessoas fazendo bolão da mega sena, principalmente no ambiente de trabalho. Eu mesmo já participei de alguns, não porque acreditava que iria ganhar, mas pensando em não ficar de fora caso eles ganhassem, pois ser o único a ficar na empresa seria algo muito frustrante. O mais interessante é ouvir as pessoas falando o que fariam se ganhassem o prêmio.

São objetivos dos mais variados, mas na segunda-feira vem a decepção, quando percebem que não ganharam e a luta continua. Isso me fez pensar no seguinte: o que faria se ganhasse um prêmio desses?

Pensei que provavelmente eu moraria em alguma cidade onde tem praia, porque gosto muito e aprenderia a surfar para ensinar minhas filhas. Teria mais tempo para a família, para treinar triathlon e para me dedicar às coisas de Deus. Poderia ajudar outras pessoas em comemorações e projetos beneficentes, e assim por diante.

Isso me levou a outra pergunta: por que eu preciso ganhar na mega sena para isso? Se fizer um planejamento de vida, um dia poderei realizar isso, ao invés de ficar pagando para sonhar. Podemos tornar o sonho um planejamento de vida, e com o fruto do nosso trabalho, com fé e determinação trazê-lo para a realidade.

CORRIDA DA VIDA

Por isso desafio você a pensar o que faria se não tivesse o limitador financeiro em sua vida. E acredite que você pode, desde que esse plano mude não somente a sua vida, mas também torne a vida de outras pessoas melhores. Pensar e agir com mente de vencedor.

A maioria continuará reclamando dos mesmos problemas, das mesmas pessoas, dos mesmos lugares.

Mas nós somos livres e temos o livre arbítrio. Podemos escolher o que plantar e onde plantar, mas só poderemos colher o que plantamos. Quando alguém tenta colher algo que não plantou, sempre pagará um preço alto por isso.

Às vezes a conta não vem imediatamente, mas quando vem, é assustadora.

Acredito que se você é capaz de criar a vida que quer na sua imaginação, é possível torná-la real, e se alegrar dia após dia, pois a felicidade não pode estar condicionada a algum objetivo que ainda precisamos alcançar. A felicidade deve estar disponível a qualquer momento. Existem dois lugares onde não podemos realizar nada, um se chama passado, e o outro, futuro. Por isso devemos aproveitar o presente, que já tem esse nome porque é uma dádiva de Deus.

As pessoas que têm mente de perdedor acreditam que dependem da sorte para vencer. As pessoas que têm mente de vencedor acreditam que podem ser o autor da própria história; acreditam que podem ser o Spielberg da sua própria vida.

insight

No que você acredita?

Você acredita que depende da sorte ou que pode criar a sua história?

Qual semente você está plantando?

"Eis que o obedecer é melhor do que o sacrificar."
(1 Samuel 15:22)

OBEDECER É MELHOR QUE SACRIFICAR

Desde quando comecei a correr, em 2009, sempre me dediquei e me esforço para me superar a cada dia. Com o passar dos anos, os desafios foram aumentando e comecei a buscar evoluir e a treinar com melhores treinadores. Passei a ter amigos que corriam muito mais do que eu. Eu pensava que condicionamento físico era como estudar para uma prova da faculdade: quanto mais você se dedicar, melhor, e até certo ponto isso realmente se aplica para o condicionamento físico, porém o corpo humano tem seus limites.

Muitas vezes eu queria chegar em algum lugar mais rápido pegando atalhos, ou subindo dois degraus de uma só vez. Descobri que não existem atalhos, como já vimos no outro capítulo, e que você pode até subir dois ou mais degraus de uma vez, mas isso tem um preço, e você mais cedo ou mais tarde pagará por ele.

Você poderá chegar em um lugar mais alto, mas com a mesma velocidade ou muito mais rápido; poderá voltar ao degrau inicial, ou até mesmo a degraus abaixo.

O que quero dizer é que podemos nos machucar, pois somos feitos de carne e osso e não de ferro.

Se você submeter seu corpo a um treinamento que está muito além dos seus limites, corre sério risco de se machucar e ter que ficar no estaleiro.

O que parecia ser lucro, começa a ser prejuízo. Quantas vezes já me achei o superman, em momentos em que o treino era por exemplo 10km e eu fazia 15km, ou eram quatro tiros de 1km e eu fazia seis tiros. Eu aguentava na hora e me achava o superman, mas depois me sentia cansado, ou com alguma dor.

Tudo isso porque queria chegar mais rápido a um lugar que chegaria sem dúvida, se tivesse paciência. Nesses casos em específico, me lesionei e tive que ficar três meses sem poder correr. Enquanto olhava as pessoas correndo em seus ritmos, eu pensava que se eu pudesse ao menos correr em velocidade de cruzeiro, já estaria feliz. Pensava: de que adiantou me sacrificar tanto para ficar aqui machucado e sem poder fazer o que gosto?

Já entrei no overtraining diversas vezes, e sentia o organismo debilitado. Vivia gripado, ficava olhando aquelas matérias na revista sobre os treinos dos maratonistas de elite, e imaginava que se meu corpo aguentasse um treino daqueles, poderia correr como eles. Sem falar para o treinador, eu iria da minha maneira, aumentando o volume dos treinos.

Só comentei isso para que você que está pensando em fazer algo parecido, não faça e aprenda com o meu erro. Siga a orientação do seu treinador.

Hoje decidi fazer o que deveria ter feito há muito tempo: confiar em meu treinador e fazer o que ele propõe, pois ele estudou para isso. Ele pensa e eu executo. Acredito que essa é uma das coisas que mais atrapalha a vida dos atletas amadores, pois a grande maioria treina mais do que deveria.

Nuno Cobra disse no livro "A semente da vitória", que o condicionamento físico é uma pirâmide formada por três elementos: Treino, alimentação e descanso. Segundo ele, o mais importante é o descanso.

Portanto, o aprendizado que consegui na prática é a compreensão de que obedecer é melhor do que sacrificar. Parece óbvio, mas não é. Foi preciso me machucar para aprender isso na prática. Ainda bem que o corpo tem a dor para nos alertar que algo está errado. Isso serve para outras áreas da nossa vida. Quantas vezes ignoramos o conselho dos mais sábios como nossos pais? Quantas coisas poderíamos ter evitado se tivéssemos buscado a sabedoria divina e o conselho dos mais experientes?

"Portanto, também nós, uma vez que estamos rodeados por tão grande nuvem de testemunhas, livremo-nos de tudo o que nos atrapalha [...] e corramos com perseverança a corrida que nos é proposta."

DOMINANDO SEUS PENSAMENTOS

Todos os dias que ligamos a TV nos noticiários temos um mar de notícias ruins. Só falta sair sangue da tela. Isso acontece porque a tragéida chama a atenção das pessoas e dá audiência; é simples assim.

Isso consome a nossa energia de uma maneira absurda, pois você já começa o dia agitado, com medo de sair de casa e já invadido pela negatividade.

O fato de eu e você não assistirmos esse tipo de notícia não vai mudar o mundo e nem vai resolver os problemas, mas poderá nos blindar de pensamentos de derrota e economizar nossa energia emocional.

Nosso cérebro sente aquilo que estamos pensando no momento. Se estamos preocupados, ele reflete isso para nosso corpo; se estamos ansiosos ele também reflete ansiedade, e assim por diante.

Faça um teste: acorde um dia e enquanto está se preparando para ir trabalhar, trocando a roupa, tomando café, coloque a TV no noticiário. E no dia seguinte faça o mesmo e coloque a TV no canal OFF. Se você não tiver esse canal, coloque algum vídeo ou música que lhe traz paz e vá trabalhar. Observe como seu dia será diferente.

A Bíblia nos alerta que: "Os maus dão grande importância às más notícias, assim como os mentirosos adoram ouvir mentiras" (pv 17.4).

Como no provérbio que lemos acima, nós podemos ouvir as más notícias, mas não podemos dar grande importância a elas, e nem reter isso em nossos corações. Precisamos criar um filtro para certas coisas.

Cuidado com os vampiros energéticos, pessoas que sugam a sua energia, e depois que vão embora, você se sente cansado e não sabe o motivo. Fique atento, e quando isso acontecer, lembre-se da fonte que renova suas forças e se reabasteça.

Como sabemos que estamos diante de alguém que tem mente de perdedor? A mente de perdedor reclama, acusa e dá desculpas.

E como sabemos que estamos diante de alguém que tem mente de vencedor? A mente de vencedor decide, planeja e realiza.

Muitas pessoas olhavam para o sucesso de Tiger Woods e diziam que ele teve sorte na vida, e de tanto ouvir isso, com muita sabedoria, ele declarou o seguinte: "Eu tive sorte, mas só depois que comecei a treinar 10 horas por dia".

Michael Johnson, medalhista olímpico, falava para si mesmo antes da largada: "Fique calmo! Alivie nas curvas! Você consegue". Isso lhe dava segurança para deixar seus temores para trás e dar o seu máximo nas provas.

Quando estiver diante de novos desafios, diga a si mesmo o quanto você é capaz de superá-los.

Cada um tem uma maneira de se automotivar, escolha aquelas palavras que o tocam mais fundo. Evite frases muito longas, e nos momentos de decisão, diga a si mesmo essas frases.

Todos ficamos inseguros de vez em quando, o que não podemos é deixar esses sentimentos controlarem nossas atitudes.

É preciso controlar a raiva, pois no livro "Os oito pilares da prosperidade", James Allen fala: "O homem com raiva é um homem forte que se torna fraco, pela dissipação de sua energia mental, ele precisa de autocontrole para manifestar sua força. O homem calmo é sempre superior em qualquer área da vida, e sempre terá precedência tanto no sucesso quanto na avaliação dos outros. Nenhum homem pode se dar ao luxo de dispensar suas energias em promover maus hábitos".

CORRIDA DA VIDA

Quais são os pensamentos que sugam sua energia? Livre-se deles.

Quais são seus pensamentos de fortaleza?

insight

"Pedi, e vos será concedido; buscai, e encontrareis; batei, e a porta será aberta para vós..." (Mateus 7:7)

23
EU QUERO, EU POSSO, EU CONSIGO!

O nosso cérebro não entende o "NÃO". Faça um teste, tente NÃO imaginar um cachorrinho branco com bolinhas pretas.

Provavelmente você imaginou um filhote de dálmata, isso comprova que nosso inconsciente não entende o não. Pois nossa mente primeiro cria a imagem para depois negar sua existência.

Imagine que no último dia do ano, quando você fará as suas metas para o ano seguinte, você colocará as seguintes metas:

▶ Ano que vem NÃO vou mais fumar;

▶ Ano que vem NÃO quero entrar no cheque especial;

▶ Ano que vem NÃO vou mais ficar sedentário;

▶ Ano que vem NÃO irei mais brigar com minha esposa;

▶ Ano que vem NÃO quero mais ficar nesse emprego;

Provavelmente é normal que vire o ano e você pense: "Esse ano passou muito rápido" e não consegui realizar meus objetivos, mas no ano que vem eu consigo.

Pensar naquilo que você quer, e não naquilo que você não quer, faz toda a diferença:

▶ No próximo ano eu vou parar de fumar;

▶ No próximo ano eu vou mudar de emprego;

▶ No próximo ano vou praticar exercícios físicos;

▶ No próximo ano vou ler dez livros;

▶ No próximo ano vou fazer uma viagem.

Isso muda tudo. Gaste o seu tempo pensando na solução, não no problema, e quando definir metas, escreva em um papel ou envie um e-mail para você mesmo. Seja o mais específico que puder, por exemplo, se quiser fazer uma viagem e puder definir a data e o local para onde quer viajar, é melhor; se quer um aumento de salário defina quanto você quer de aumento, 10%, 20%, 30%, e defina também a estratégia de que precisa para alcançar o seu alvo.

Quando você diz que pode ou que não pode, geralmente você estará certo! Henry Ford disse isso: "Em qualquer situação você estará certo, em qualquer situação viverá a sua escolha". É simples assim.

Gosto muito de falar das crianças, porque elas têm muita fé, e não trazem barreiras em suas mentes. Se um pai falar para o filho: coloque uma capa vermelha que você vai voar, o filho que confia no pai, provavelmente irá subir em cima da casa e tentar voar.

Quando fui ensinar minhas filhas a andar de bicicleta, foi uma experiência incrível. Elas começam andando com rodinhas, e depois de um tempo vão pegando confiança e aperfeiçoando a técnica, até chegar o tão sonhado dia de tirar as rodinhas.

A princípio a criança fica com medo e fala que não vai conseguir, diz que vai cair e se machucar, e aí cabe a quem está ensinando dar palavras de encorajamento, do tipo: "Você consegue; eu estarei com você aqui, e mesmo se você cair, você irá se levantar; vamos lá, eu sei que você consegue".

A criança toma coragem, mas ainda com um pouco de medo, - e você segurando-a vai soltando devagar -, segura e solta sempre por perto, quando ela desequilibra. Você está ali do lado para segurar. Até que começa a gostar da brincadeira, vai se soltando e você vai dando cada vez mais liberdade, até o primeiro tombo.

O medo vem novamente, a coragem vai embora, e às vezes ela não quer mais saber de andar de bicicleta naquele dia. Temos que ter paciência, pois nada melhor que um dia após o outro.

Quando percebemos, vocês estarão lá novamente, e a encoraja; motiva; fala para ela acreditar em si e confiar em você pois estará ali. No meu caso, eu segurava no banco e ia soltando devagar. Até que chegou uma hora que percebi que ela estava pedalando bem nas retas, soltei e saí correndo ao seu lado. Quando percebeu que estava andando sozinha, abriu um sorriso, arregalou os olhos e comemorou. Foi tanta alegria, que eu queria ter filmado esse momento.

Depois disso a segurei, porque estava se aproximando da curva, e comemoramos essa vitória. Então eu disse: não falei que você consegue? Acredite em você e não fale que não consegue. Ela então disse: é verdade pai, eu consigo. Desse dia em diante, minha filha foi evoluindo a cada dia. Levou outros tombos para aprender a fazer curvas, mas agora já anda sozinha.

Sempre que acontece alguma coisa que ela não consegue fazer, lembra disso; que ela pode, que ela quer e consegue. Eu só tenho a agradecer a Deus por esse privilégio.

Acredite no seu potencial; de nada adianta ter um potencial incrível se você não acreditar nele. Você será aquilo em que acreditar.

"Ora, a fé é a certeza de que haveremos de receber o que esperamos, e a prova daquilo que não podemos ver." (Hebreus - 11.1)

O PODER DA FÉ

A fé é a ponte que nos leva ao lugar onde queremos chegar. Às vezes alguns sonhos nascem em nosso coração, e temos que protegê-los e alimentá-los dia após dia, porque a maioria das pessoas, - quando você contar o seu sonho -, irá lhe mostrar muitos obstáculos. Poucas pessoas irão encorajá-lo a continuar. Muitas vezes sua própria família irá desanimá-lo. Todos nós temos talentos, e os talentos que a nós foram dados por Deus têm que fazer a diferença na vida das pessoas, não somente na nossa. Se isso não acontece, estamos perdendo nosso tempo e olhando apenas para os nossos problemas. Com isso nos afastamos da nossa maior fonte de poder: Deus.

Não raro, ficamos buscando respostas nos mais diversos lugares, livros, pessoas, internet, mas na maioria das vezes a resposta não vem de fora, mas de dentro. Jesus disse: "O Reino de Deus está dentro de nós". E disse também que do nosso interior fluirão rios de água viva: "Aquele que crê em mim, como diz a Escritura, do seu interior fluirão rios de água viva" (João 7:38).

Uma das coisas que mais deixava Jesus inconformado, além da passagem conhecida em que ele se irava com as pessoas que vendiam coisas no templo (Mt 21:12), era a falta de fé. Vimos por diversas vezes Jesus repreender seus próprios discípulos por conta da falta de fé. Quando estavam passando por uma tempestade em alto mar, Jesus disse a eles: "Por que estais com tanto medo, homens de pequena fé? E, levantando-se, repreendeu os ventos e o mar, e houve plena calmaria (Mt 8:26).

Na maioria das vezes, quando estava prestes a realizar um milagre, Ele perguntava para a pessoa: "Você crê"? E após ter realizado dizia: "A tua fé te salvou" (Mc 5:34).

E quando estava diante de alguém que tinha muita fé, se alegrava, reconhecia e elogiava. "E maravilhou-se Jesus, ouvindo isso, e disse aos que o seguiam: Em verdade vos digo que nem mesmo em Israel encontrei tanta fé".

> *"Você pode ter sucesso se ninguém acreditar em você, mas nunca será bem-sucedido se não acreditar em si mesmo."*
> *(John Maxwell)*

Pode ser que você não acredite nos ensinamentos de Jesus, mas graças à evolução humana e aos estudos, podemos usar a física quântica para comprovar o poder da fé.

"Todo pensamento emocionalizado, unido à fé, tende a se realizar, a se materializar." (Napoleon Hill)

O surgimento da física quântica - ciência que estuda o movimento dos átomos e partículas subatômicas -, causou uma revolução na nossa forma de entender a realidade. As partículas microscópicas se comportam de maneira imprevisível. Elas são encaradas como ondas de possibilidades. Ou seja, podem estar ali, aqui e acolá. E tem mais: um elétron pode influenciar outro elétron a distância. Esses princípios atiçaram a curiosidade de muita gente e inspiraram as mais variadas interpretações. O que se diz é que nós todos nos comportamos como verdadeiros elétrons, só que em tamanho aumentado.

O elétron não tem uma existência física, não para quieto e é capaz de estar em vários lugares ao mesmo tempo. Quando um elétron é observado com um instrumento, ele para em um só ponto, ou seja, interferimos no seu rumo. "Mas não temos nenhum controle sobre o lugar em que a partícula vai parar. Se eu quiser que ela reaja a meu favor, não vou conseguir", diz o físico Adilson José da Silva, professor do Instituto de Física da USP.

Essa ideia vem sendo usada para justificar a crença de que a mente é capaz de alterar a realidade. O poder da fé e do pensamento positivo, nesse caso, influenciaria tudo e mudaria o rumo dos acontecimentos. "A física

CORRIDA DA VIDA

quântica dá a você o controle sobre o seu futuro, permitindo que você altere a direção do seu destino", diz Susan Anne Taylor, psicóloga e palestrante motivacional, no livro "A Ciência do Sucesso".

Seja qual for a sua crença para exercitar a sua fé, acredito que na corrida da vida, se não tivermos fé, não temos esperança, e sem esperança por dias melhores, acabamos ficando desanimados e nossos sonhos vão sendo enterrados. Não aceite isso para sua vida, não deixe as pessoas, a rotina, a falta de dinheiro, nem nada abalar a sua fé. Anthony Robins disse: "São suas decisões e não suas condições que determinam o seu destino".

insight

Qual é a decisão que você irá tomar hoje para sua vida?

25 ÁREA DE TRANSIÇÃO

"...Sai da tua terra, da tua parentela e da casa de teu pai, e dirige-te à terra que te indicarei!" (Genesis 12:1)

Não sei em qual fase da vida você se encontra; se está pensando em mudar de vida, se já entrou na área de transição, se está saindo da área de transição, ou se já saiu da área de transição.

Antes de cada transição você tem um teste de identidade. A prova de quem você é não é o que você tem, mas o que você faz.

Quando decidimos mudar de vida, passamos por um processo de transição, seja quando entramos na faculdade, quando saímos da casa dos nossos pais, quando nos casamos ou quando mudamos de emprego. Seja qual for a mudança, temos um período de transição. Algumas vezes você não muda em nada fisicamente, mas o seu interior muda, o seu ponto de vista em relação às coisas da vida e às pessoas muda. Os primeiros sinais de que você está passando por uma transição é quando as pessoas mais próximas começam a lembrá-lo de quem você era e onde você estava. Eles querem levá-lo de volta ao passado. Com Jesus não foi diferente.

Um dia Jesus retornou à sua terra natal e foi ler as escrituras (Lucas 4:20-22). Muitos ali não reconheciam a sua autoridade e começaram a dizer: "Aquele não é o carpinteiro filho de José"? Queriam levá-lo de volta a seu passado, mas ele não se abalou, porque sabia quem ele era e quem o havia enviado.

CORRIDA DA VIDA

Muitas vezes na nossa própria casa ou entre amigos, não somos reconhecidos. É preciso vencer lá fora para ganhar a credibilidade dentro de casa ou a dos amigos próximos.

Nesses momentos é preciso perseverar: "Os grandes feitos são conseguidos não pela força, mas pela perseverança" (Samuel Johnson).

Mas Jesus não deixou as pessoas do passado definir quem ele era no futuro, mesmo essas pessoas sendo seus familiares. (Mateus 12.46 a 13)

Às vezes as pessoas mais próximas não conseguem entender quem você realmente é. Quando perguntam se você se lembra quem você era, são os primeiros sinais de que sua vida está mudando. Não importa quem você era, mas quem você é e quem irá se tornar.

Se não puderem arrastá-lo para o seu passado, você vai arrastá-los para o futuro.

Quando comecei a correr, alguns amigos das antigas ficavam fazendo piadas e riam de mim, falando que isso era uma fase e logo passaria.

Não podemos ser definidos por nossas limitações, porque somos definidos na proporção da nossa fé e pela vontade indomável de vencer na vida.

É preciso lembrar todos os dias quem você é. Não esquecer que você tem um propósito e que na transição deixamos o passado para trás e entramos no nosso destino; é como pegar um voo.

Somos capazes de fazer coisas que nem imaginamos. Nosso corpo tem uma capacidade incrível de se adaptar às mais diversas situações, e descobri que é na prática que evoluímos, quando somos submetidos a um novo nível de esforço.

Mas tudo começa dentro do coração. Nasce aquele pequeno desejo e começamos a alimentar esse sonho. Às vezes a faísca se apaga, mas quando o desejo é mais forte, prevalece, e algo dentro de você grita que isso é possível. Gosto do slogan do Ironman que diz "Anything is possible" (tudo é possível). Jesus Cristo já havia dito isso: "Tudo é possível ao que crer" (Mc 9.23).

Praticando triathlon, aprendi a ter moderação; aprendi a valorizar e administrar melhor o tempo, pois tudo que fazia precisava ser com intensidade. Não tinha tempo a perder e descobri que um grande desafio é buscar o equilíbrio, pois não adiantava eu potencializar muito uma modalidade e deixar outras de lado. Se eu treinasse corrida cinco vezes por semana e natação uma vez por semana, isso iria me prejudicar. Seria preciso um equilíbrio, ou seja, melhor fazer três vezes corrida e três vezes natação. Isso é buscar o equilíbrio. Podemos aplicar isso nas outras áreas da nossa vida: em nosso tempo com a família, na vida profissional e espiritual, no convívio com amigos, entre outros.

O Ironman me ensinou a ter disciplina. Eu sabia que precisava me preparar, e como fazer isso em meio aos tantos compromissos que todos nós temos em nossa rotina? Tinha meus horários, nos casos dos treinos de pedal, praticava de terça e quinta às 4h30 da manhã. Não era fácil treinar esse horário, mas se eu me atrasasse cinco minutos, a equipe não me esperaria, porque o mundo não girava em torno de mim. Precisamos encarar a realidade: se quer alguma coisa, é preciso lutar por ela. O mundo não será mais legal contigo porque você quer ficar dormindo cinco minutos a mais. Se as outras pessoas conseguem, você precisa arrumar uma maneira de conseguir. A escolha é sua: quer dormir até mais tarde e desistir do seu sonho?

No triathlon temos duas áreas de transição. Descobri que essa área de transição é um lugar que geralmente é desconfortável; um lugar de mudanças, mas também o lugar em que podemos recuperar o fôlego para encarar o que virá pela frente.

Uma transição de um emprego para outro não é fácil; uma transição de uma mudança de cidade para outra, não é fácil; uma transição de uma vida de solteiro para casado, também não é fácil; mas se quisermos ir para o próximo nível, teremos que passar pela área de transição.

No triathlon, a primeira transição se dá quando saímos da natação para pegar a nossa bicicleta e sair para pedalar. Nessa fase, é preciso tirar a touca e os óculos de natação, e se tivermos usando roupa de neopreme, também é hora de deixá-la para trás.

Comparando com nossa vida, podemos refletir que para avançarmos para uma nova fase, temos que deixar algumas coisas para trás, seja objetos e lugares ou algumas pessoas.

Após deixar essas coisas para trás, era preciso colocar o capacete de bike, óculos de ciclismo, as luvas, a sapatilha de pedal e o principal: a bicicleta. Nessas horas aprendemos que para avançarmos para uma nova fase, uma nova estação, um novo tempo em nossa vida, é preciso nos prepararmos para entrar nessa nova fase com o equipamento adequado. Se você sonha em um dia trabalhar ou fazer um MBA nos Estados Unidos, é preciso saber inglês, isso seria um acessório necessário; se você quer passar em um concurso, é preciso estudar para ele; se você quer dirigir um carro, precisará de uma habilitação para dirigir, não adianta só comprar o carro.

Depois de pedalar é hora de deixar a bicicleta, calçar o tênis e partir para a corrida: essa é a segunda transição. Em nossa vida, teremos muitas transições, e cada transição irá exigir algo de nós. No começo da corrida é um grande desconforto, porque estava sentado e você sente as pernas pesadas, mas, aos poucos, seu corpo vai se adaptando à nova fase, e entende que agora você não está mais pedalando, e sim, correndo. Não importa qual o tamanho do desafio que venha pela frente, - que nesse caso ainda era correr uma maratona -, se você olhar as dificuldades que virão pela frente, pode desanimar, mas se olhar para trás e resgatar as boas memórias que lhe trazem esperança, e pensar em tudo que fez para chegar até ali, com certeza se alegrará e irá pensar o quanto já cumpriu da prova, ou seja: agora só falta a maratona.

Não sei em qual fase da vida você se encontra, mas a área de transição é sinal de transformação. Se está na área de transição, é porque sua vida está indo para a próxima estação, para o próximo nível.

Qual área da sua vida você gostaria que entrasse em transição?

"A sabedoria é melhor e mais poderosa do que qualquer arma de guerra." (Eclesiastes 9.18)

ARMAS DE GUERRA

Na corrida da vida, às vezes nos deparamos com momentos difíceis e nos sentimos em um campo de batalha. Muitas vezes não temos uma solução imediata para atravessar esse campo; nunca sabemos quando vamos precisar usar as "armas de guerra". Se você não sabia que tem armas de guerra, agora acaba de receber um arsenal. O texto de Salomão - conhecido como o homem mais sábio que já existiu - nos ensina que a sabedoria é mais poderosa do que qualquer arma para vencer qualquer obstáculo.

"Obstáculos são aquelas coisas assustadoras que você vê quando desvia os olhos da sua meta." (Henry Ford)

Certo dia estava lendo a Bíblia para minha filha. Era um texto de provérbios capítulo 4, que fala muito de sabedoria. Ela ouviu essa palavra várias vezes e me fez uma pergunta: pai o que é sabedoria?

Naquele momento não consegui explicar a ela com palavras o que de fato era a sabedoria. Expliquei da melhor maneira possível, mas percebi que ela ainda havia ficado com dúvidas, e isso fez com que me aprofundasse e buscasse entendimento. Nada melhor do que buscar com aquele que é conhecido como o mais sábio que já existiu. Salomão disse que os mais velozes, nem sempre vencem a corrida; os mais fortes nem sempre triunfam nas batalhas; e nem sempre a fortuna acompanha os prudentes; e que os mais instruídos e inteligentes não têm garantia de prestígio e honra, pois o tempo e o acaso afetam a todos indistintamente, e assim como os peixes são pescados e não sabem a sua hora, os homens também são tomados pelas épocas difíceis.

Diante disso, percebemos que é nos momentos difíceis que mais aprendemos, e que ter sabedoria para lidar com esses momentos faz a diferença. Mas isso não é nenhuma novidade para nós, porque Salomão também já havia dito que a sabedoria é mais valiosa que as mais finas joias e de tudo que se possa imaginar, nada se compara a ela (pv 8:11).

A sabedoria não é um suplemento que podemos comprar em uma farmácia, nem algo que podemos ganhar em um sorteio, mas algo tão valioso que não pode ser roubado. Nem o melhor advogado pode obrigar você a entregar sua sabedoria a uma ex-mulher, a um ex-marido, ou a um ex-sócio por exemplo. Por esses e outros tantos motivos, ela é tão valiosa, pois sua sabedoria irá te acompanhar por onde você estiver até o final da sua vida.

O rei Salomão nos deixou um grande presente quando disse: "A sabedoria edificou a sua casa; ergueu suas sete colunas"(pv 9.1). Na Bíblia, o número sete significava o número perfeito, e sete também é o número de colunas que as grandes edificações pagãs da época tinham, como o templo de Afrodite e o palácio do rei assírio Senaqueribe. Essas construções costumavam ser sustentadas por sete imponentes colunas, mas a sabedoria que vem do Senhor revela suas sete colunas nos sete dias da criação. Muito além do que um simples número matemático, significava algo muito maior, que é a **instrução**, o **conselho**, o **ensino**, o **entendimento**, a **inteligência**, o **conhecimento pleno** e a **prudência**. No próprio livro de provérbios escrito por Salomão, podemos ver as seguintes atitudes para edificar a casa da sabedoria em nossa vida.

▶**Conhecimento:** os sábios acumulam conhecimento (pv. 10.14), o conhecimento é ter informação sobre determinado assunto, e com sabedoria saber o que fazer com esse conhecimento.

▶**Humildade:** [...] com os humildes está a sabedoria (pv. 11.2), a humildade nos faz reconhecer que não sabemos tudo, e que é preciso buscar melhoria contínua, conhecimento constante.

▶**Inteligência:** [...] o ser humano verdadeiramente inteligente deleita-

-se na sabedoria (pv 10:23), a sabedoria é o grande objetivo das pessoas realmente inteligentes, mas o tolo não sabe nem o que o satisfaz de fato (pv. 17:24).

▶**Justiça:** *a sabedoria está com os justos: "Orienta a pessoa que tem sabedoria, e ela será ainda mais sábia; ensina o homem justo, e ele aumentará em muito o seu saber" (pv 9:9).*

▶**Integridade:** *ele reserva a plena sabedoria para os justos; como um escudo protege quem procura viver com integridade (pv 2:7).*

▶**Entendimento:** *por meio da sua sabedoria o SENHOR firmou os alicerces da terra; por seu entendimento fixou no lugar os céus (pv 3:19).*

▶**Buscar conselho:** *a arrogância só produz contendas, mas a sabedoria está com aqueles que buscam conselho (pv 13:10).*

Presta bastante atenção aos sábios conselhos, e recebe de coração a orientação, assim alcançarás a sabedoria (pv 19:20).

▶**Discernimento:** *o escarnecedor busca sabedoria e nada encontra, entretanto, o conhecimento chega facilmente ao coração daquele que possui discernimento (pv 14:6).*

▶**Calma:** *a pessoa que se mantém calma dá prova de grande sabedoria, mas o precipitado revela publicamente sua falta de juízo (pv 14:29).*

▶**Prudência:** *no coração do prudente habita a sabedoria, mas tudo o que existe na alma dos tolos vem a público (pv 14:33).*

Esses são os caminhos para obter sabedoria, os benefícios que ela pode nos dar não podem ser comparados a nenhuma riqueza material.

> *"Bem-aventurado o homem que acha a sabedoria e a pessoa que encontra o entendimento, pois a sabedoria é muito mais proveitosa que a prata, e o lucro que ela proporciona é maior que o acúmulo de ouro fino." (pv 3:13)*

CORRIDA DA VIDA

Qual foi o aprendizado?

O que fará de agora em diante com o que aprendeu?

insight

POR QUE CORRER?

Muitas vezes me perguntaram isso. Geralmente as pessoas que não correm perguntam isso porque quando olham alguém correndo antes do sol nascer, ou correndo na chuva, pensam: por que isso? Esse sujeito é louco? Poderia ter ficado dormindo.

Perguntar por que você corre para um corredor é o mesmo que perguntar para um alpinista, por que você escala montanhas. Provavelmente ele responderá dizendo: percebo que você nunca escalou uma.

Quando comecei a correr, o objetivo era bem simples e não poderia imaginar que com esse objetivo simples começasse a correr. Pensei: se eu perder uns cinco quilos já está bom; se eu conseguir correr 3km sem precisar parar para andar, estarei feliz. Mas não sabia que ali era um recomeço da minha história, que naquele momento eu estava reescrevendo a minha vida, pois muita coisa iria mudar.

Depois de um ano já havia perdido mais de dez quilos e eu poderia ter parado, porque já havia alcançado o objetivo inicial. Mas acontece que quando alçamos um objetivo, olhamos para baixo e percebemos que somos capazes de dar voos mais altos, e logo definimos objetivos maiores. O ser humano é movido por desafios. Em pouco tempo tive a ideia de ser um maratonista, porque achava estranho dizer que eu era um meio maratonista, parecia que era algo incompleto.

Eu estava feliz com meu novo estilo de vida; minha disposição melhorou muito; a qualidade do meu sono melhorou; minha mente melhorou; meu coração melhorou, pois comecei a ver beleza e comecei a dar valor a coisas que não enxergava mais, principalmente à natureza. Comecei a refletir sobre o quanto somos pequenos perante a criação, e com isso lembrei da infinita graça de Deus. Pensei então: se a natureza é tão bonita, imagina o tamanho da glória do criador de tudo isso! E isso fortaleceu meu espírito.

Essa visão me fez ter um coração grato e comecei a agradecer por coisas que não percebia mais, como o nascer de um novo dia, o ar que respiro, a água que podia beber, a saúde.

Meu condicionamento físico foi melhorando, meu percentual de gordura caiu absurdamente, meu peso diminui significativamente, mas a melhor mudança não foi externa; a melhor mudança que aconteceu foi de dentro para fora. Comecei a perceber coisas que não percebia, a valorizar coisas que não valorizava, e a perceber que existe um condicionamento mental e espiritual que evoluiu junto com o físico. Consegui ir a níveis em que nunca havia chegado antes e isso me aproximou de Deus. Pode parecer loucura, mas isso funcionou na minha vida. O esporte fortaleceu a minha fé e a minha mente, e acredito que a fé e o esporte andam juntos, porque nenhum atleta largaria em uma prova sem acreditar que tem condições de completá-la. Ganhei uma paz de espírito absurda, mas não qualquer paz, mas a paz que excede todo o entendimento

Junto com a corrida ganhei uma nova família, a família "Running". Não sabia que ainda havia, e que um certo dia, em um treino de corrida na USP, eu fosse conhecer a mulher da minha vida, a mulher com quem fiquei noivo na USP no final de um de nossos treinos de corrida.

Se me perguntarem se eu me arrependo de algo, eu digo que sim, me arrependo de não ter começado a correr antes. Mas tudo tem o seu tempo determinado e nunca é tarde para começar.

Se estiver em busca de um corpo perfeito, procure uma academia, mas se quiser transformar sua vida, corra uma maratona.

> *"Lembra-te do teu Criador nos dias da tua mocidade, antes que cheguem os dias difíceis e se aproximem os dias da velhice em que dirás: 'Não tenho mais satisfação em meus dias'. Antes que a luz do sol, da lua e das estrelas percam o brilho aos teus olhos, penses que as nuvens carregadas de chuva jamais se afastarão de ti." (Eclesiastes 12.1-2)*

28 GRATIDÃO

Existe um estudo da neurociência que diz que as pessoas que agradecem cinco vezes ao dia são 30% mais felizes. A gratidão pela vida é o segredo das pessoas felizes.

Às vezes sentimos medo, às vezes caímos, às vezes nos machucamos. Temos a opção de ficar onde estamos e nos fazer de vítima da circunstância, ou de escolher levantar e seguir em frente. Não importa quanto a vida tentou derrubá-lo, o importante é que você tem o poder de despertar e decidir qual vida você quer levar.

Quando passei por uma situação muito difícil em minha vida, cheguei a ficar depressivo, pois muitas áreas da vida foram afetadas de uma vez. Cheguei a pensar em desistir da própria vida. Lembrei que tinha um seguro de vida, que deixaria minhas filhas com uma quantia relativamente boa para sustentá-las pelo menos até a faculdade, mas também lembrei que minhas filhas precisariam de um pai e não de dinheiro.

Eu não tinha o hábito de ler a Bíblia, mas quando estava nessa fase, passei pela cozinha da casa da minha mãe, e a Bíblia estava aberta em cima da mesa. Eu me aproximei, dei uma olhada e li algo que até hoje não esqueço: "O justo cairá sete vezes e se levantará" (pv 24:16). Nesse momento, percebi o cuidado de Deus sobre a minha vida, como a mão de um pai puxando o filho para cima.

Hoje só tenho a agradecer pela vida, pois não era nem para estar aqui, e digo que não importa o tamanho do seu problema, importa o tamanho da sua fé em Deus.

Gostaria de convidar você a pensar em tudo o que aconteceu durante o último ano, e a lembrar-se dos momentos de alegria, dos momentos pelos quais você precisa agradecer. Faça isso.

Agradeça por aquilo que você tem, pois quando temos um coração grato, conseguimos alcançar voos maiores.

Jesus Cristo nunca olhava para o que Ele não tinha, mas sim para o que ele tinha. Certo dia quando tinha mais de cinco mil pessoas famintas, ele perguntou a Pedro: "O que nós temos"? E Pedro disse: "Cinco pães e dois peixes", e com isso ele deu graças e alimentou a multidão. (Mc 6:30-44)

Para finalizar, gostaria de compartilhar um texto de um dos maiores nomes do esporte que é minha maior inspiração desde quando era criança. Quando ouvimos a palavra determinação lembramos dele, o nosso querido Ayrton Senna, que com sua história, comprova que somos capazes de controlar nossos atos, deixando o ensinamento de que nossas escolhas e atitudes fazem a diferença na nossa vida, e que nossas escolhas nos levarão ao lugar onde chegaremos no futuro.

> *"Seja quem você for, seja qualquer posição social que você tenha na vida, o nível altíssimo, ou o nível mais baixo, tenha sempre como meta muita força, muita determinação e sempre faça tudo com muito amor e com muita fé em Deus, que um dia você chega lá. De alguma maneira você chega lá." (Ayrton Senna)*

Desejo de todo coração que essa leitura possa ter acrescentado algo que irá ajudá-lo na busca dos seus sonhos, em seus treinos, em sua fé e em outras áreas de sua vida.

E agora, que toda glória seja dada a Deus, porque esse livro não é um livro de autoajuda, mas é um livro de ajuda do alto.

> *"Aquele que é poderoso de realizar infinitamente mais do que tudo o que pedimos ou imaginamos, de acordo com o seu poder que age em nós." (Efésios 3.20)*

REFERÊNCIAS:

GARCIA, Luiz Fernando. O cérebro de alta performance. Editora Gente, São Paulo, 2013.

VIEIRA, Paulo. O poder da ação. Editora Gente, 7ª edição, São Paulo, 2015.

SILVA, Flavio Augusto. Geração de valor. Editora Sextante, São Paulo, 2014.

MAXWELL, John C. O líder 360°. Editora Thomas Nelson Brasil, Rio de janeiro, 2012.

MAXWELL, John C. Você pode realizar seu sonho. Editora Thomas Nelson Brasil, Rio de janeiro, 2009.

COBRA, Nuno. A semente da vitória. Senac, São Paulo, 2015.

ALLEN, James. Os 8 pilares da prosperidade. Clio Editora, São Paulo, 2011.

SUPER, Interessante: Pensamento positivo.
Disponível em <http://super.abril.com.br/historia/pensamento-positivo >
Acesso em: 09/02/2016

VARELLA, Drauzio: Memória/Esquecimento. Disponível em
<http://drauziovarella.com.br/envelhecimento/memoriaesquecimento/>
Acesso em: 09/02/2016

CORRIDA DA VIDA

Pedido de noivado do Douglas para Cláudia, no final de um treino do ministério Bola Running, na USP Cidade Universitária, onde milhares atletas treinam diáriamente, e foi o local onde se conheceram.

ANOTAÇÕES

CORRIDA DA VIDA